초등글쓰기
좋은질문
642

642 THINGS TO WRITE ABOUT : YOUNG WRITER'S EDITION
Copyright © 2014 by Chronicle Books LLC.
All rights reserved.
First published in English by Chronicle Books LLC, San Francisco, California.
Korean language edition © 2016, 2023 by NEXUS Co., Ltd.
Korean translation rights arranged with Chronicle Books LLC through EntersKorea Co., Ltd., Seoul, Korea.

이 책의 한국어판 저작권은 (주)엔터스코리아를 통한 저작권사와의 독점 계약으로 (주)넥서스가 소유합니다.
저작권법에 의하여 한국 내에서 보호를 받는 저작물이므로 무단전재와 무단 복제를 금합니다.

창의력을 키우는
초등 글쓰기 좋은 질문 642

지은이 826 VALENCIA
펴낸이 임상진
펴낸곳 (주)넥서스

초판 1쇄 발행 2016년 7월 25일
초판 15쇄 발행 2021년 9월 10일
2판 1쇄 발행 2023년 2월 15일
2판 3쇄 발행 2024년 10월 14일

출판신고 1992년 4월 3일 제311-2002-2호
주소 10880 경기도 파주시 지목로 5 (신촌동)
전화 (02)330-5500 팩스 (02)330-5555
ISBN 979-11-6683-276-5 73800

출판사의 허락 없이 내용의 일부를
인용하거나 발췌하는 것을 금합니다.

가격은 뒤표지에 있습니다.
잘못 만들어진 책은 구입처에서 바꾸어 드립니다.

www.nexusbook.com
넥서스Friends는 (주)넥서스의 초등 학습 전문 브랜드입니다.

내가 채식을 하는
호랑이라면?

창의력을 키우는
초등 글쓰기
좋은 질문

이 세상에서
모든 유리가
사라진다면?

826 VALENCIA 지음

642

내가 쥐만큼
작아질 수
있다면?

여러분의 몸
절반이 동물로
변했다면?

그림책의 그림들이
살아 움직인다면?

내가 어린이라는
사실이 싫다고
느낄 때는…

넥서스주니어

기획의 말

우리는 아이들이 작가가 될 수 있다고 생각합니다. 초등학생 아이들은 826 VALENCIA에 와서 2시간 만에 한 권의 책을 써서 집으로 들고 갑니다. 중학생 아이들과는 교내 신문이자 라이프 스타일 매거진에 실을 기사 내용을 취재하기 위해 배우, 복서, 지역 정치인을 인터뷰하기도 했습니다(아마 '중학생을 위한 라이프 스타일 매거진'은 여기서 처음 들어봤을 겁니다!). 또한 우리는 매년 고등학생 아이들을 코칭하는 일을 합니다. 원고 초안 작업을 하고 편집을 하여 지역 상점, 나아가 전 세계에서도 판매할 수 있는 제품으로 제작합니다. 청소년들은 중요하고 흥미로운 '거리(소재)'를 가지고 있고, 826 VALENCIA는 그들이 훌륭한 아이디어를 글로 써 내려갈 수 있도록 돕습니다.

이제 여러분은 이 책을 손에 넣었고, 우리는 여러분이 826 VALENCIA의 명예 학생이 되어주길 바랍니다. 이 책을 창의력이 샘솟고 글쓰기 스킬을 연습할 수 있는 코스라 여기세요. 826 VALENCIA 학생들이 매일 연습하는 방법으로 말입니다. 이 책을 순서대로 따라가도 좋고, 아무 곳이나 펴서 아무 질문이나 정한 뒤 빈 종이를 모두 정복할 때까지 열정적으로 써 봐도 좋습니다. 여러분에게 가장 적합한 방법으로 이 책을 이용하라는 것이 우리가 줄 수 있는 최고의 조언입니다. 어떤 질문에서 턱 막혔을 땐 걱정하지 마세요. 그럴 땐 그냥 다른 질문으로 넘어가세요. 어쩌면 여러분은 15페이지에 있는 질문에 대해 글을 쓰다가 그 글에 푹 빠지게 될 수도 있고, 그 주제로 한 편의 소설을 완성하게 될지도 모릅니다!

각자의 방법으로 이 책의 끝까지 왔다면, 작가로서 여러분만의 글을 쓰세요. 여러분의 글을 복사한 뒤 친구들과 함께 보거나, 작은 책을 만들거나, 블로그에 올리세요(물론 부모님의 허락이 있어야겠죠?). 그렇게 가족, 친구, 전 세계 사람들과 글을 공유하고 축하하세요. 이미 여러분은 작가입니다!

우리가 이 책을 세계의 학생들을 위해 준비할 때, 때에 따라 여러분이 되어 보기도 하고, 작가가 되기도 하고, 해적이 되기도 하고, 선생님이 되어 글을 쓰기 위한 질문을 던지려고 노력했습니다. 그리고 그 질문을 통해 즐거움이 샘솟고, 많고 많은 글들이 샘솟길 바라며 작업했습니다. 이제 책장을 휙휙 넘겨 보면서 글쓰기를 시작하세요. 더 이상 기다릴 이유가 없잖아요?

미란다 창 & 826 VALENCIA

이 책을 읽다 보면

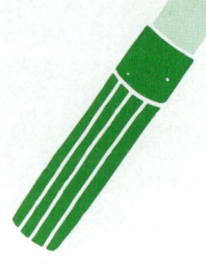

1. 좌뇌와 우뇌가 함께 발달합니다

상상력과 감수성을 샘솟게 하는 질문들은 우뇌를 자극하고, 논리적 사고력을 키우는 질문들은 좌뇌를 발달시킵니다. 질문에 하나하나 답을 하다 보면 좌뇌와 우뇌가 균형 있게 발달하면서 창의력이 자랍니다.

논리적 사고력을 담당하는 좌뇌   **상상력과 감수성을 담당하는 우뇌**

사람에 대해서 알고 있는 모든 것을 써 보세요.

아직 한 번도 만들어진 적이 없는 책이나 영화의 평을 써 보세요.

1849년의 금 캐는 광부들에게 전자메일을 어떻게 사용하는지 설명해 보세요.

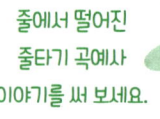
여기저기 팬케이크가 널려 있습니다.

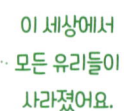
줄에서 떨어진 줄타기 곡예사 이야기를 써 보세요.

이 세상에서 모든 유리들이 사라졌어요.

정부는 사탕을 금지하는 법을 통과시키려 해요. 모든 아이들이 단 것을 먹을 권리가 있는 이유를 설명하는 편지를 써 보세요.

2. 창의적인 시각으로 세상을 바라봅니다

책을 읽다 보면 우주인이 되기도 하고, 곤충이나 칫솔이 되기도 하고, 초능력자가 되기도 합니다. 또 화가가 되어 보기도 하고, 불가사리나 선인장과 대화를 할 때도 있습니다. 이렇게 뒤집어 생각하고 새로운 관점에서 생각을 하면 창의적인 시각으로 세상을 바라보게 됩니다.

화가가 되어 보기도 하고…

선인장의 꿈도 같이 고민해 주고…

칫솔이 되어 보기도 하고…

불가사리와 대화도 하고…

우주인이 되어 보기도 하고…

3. 표현력이 좋아집니다

상상력은 머릿속으로 생각만 한다고 자라는 것이 아닙니다. 생각을 글이나 말로 표현할 수 없다면 그 생각은 아무도 모르게 사라져 버립니다. 642개의 질문에 답을 스스로 찾으면서 글이든, 그림이든 적다 보면 자신만의 표현력이 생깁니다. 처음에는 한 단어, 한 문장이었던 글이 나중에는 한 페이지 가득 적고도 계속 쓰고 싶어질 겁니다.

이 책을 사용하는 방법

1. 이 책은 826 VALENCIA에서 10여 년 넘게 어린이들과 함께 글을 읽고 쓰면서 수집한 창의적인 글감 642개를 묶은 책입니다.
2. 이 책을 보는 데는 순서가 없습니다. 처음부터 하나씩 답을 해도 되고, 아무 페이지나 펼쳐 눈에 들어온 질문 하나를 그날 화두로 삼아도 됩니다. 책을 보는 방법은 자유입니다.
3. 답하는 방법도 자유입니다. 질문을 제목으로 삼아 긴 이야기를 쓸 수도 있고, 그저 짧은 단어 하나로 답할 수도 있습니다. 그림을 그리거나 자기만의 암호를 써넣어도 좋습니다.
4. 글은 꾸준히 쓰고, 발표하고, 공유할수록 좋아집니다. 블로그나 SNS에 연재한다 생각하고 질문에 하나씩 답해 보세요. 블로그, 인스타그램 등의 SNS에서 검색하면 '초등 글쓰기 좋은 질문 642'에 답을 하고 있는 글 친구들을 만날 수 있습니다.
5. 뭘 써야 할지 글감이 떠오르지 않는 친구, 글쓰기가 어렵기만 한 친구들에게 또 다른 문을 열어 줄 것입니다.
6. 글감을 표현하는 영어 원문을 그대로 살렸습니다. 함께 표현을 비교하여 보면 영어 독해 능력까지 쑥쑥 올라갈 것입니다.

1. 생각나는 대로 마구마구 적어 보세요

잘 쓰려고 하면 시작이 어려울지도 모릅니다. 질문에 정답은 없으니 생각나는 대로 마구마구 써 보세요. 어려운 질문이 있을지도 몰라요. 그럴 때는 과감하게 패스하는 방법도 있고, 부모님이나 선생님께 도움을 청해도 좋습니다.

185 서로 다른 두 편의 책이나 TV 프로그램, 영화 속에서 여러분이 가장 좋아하는 등장인물 둘이 만났다고 상상해 보세요. 그들은 어떻게 말하며, 무엇에 대해 이야기할까요?

Imagine that two of your favorite characters from two different books, TV shows, or movies meet. Write a conversation between them. How do they speak, and what are they talking about?

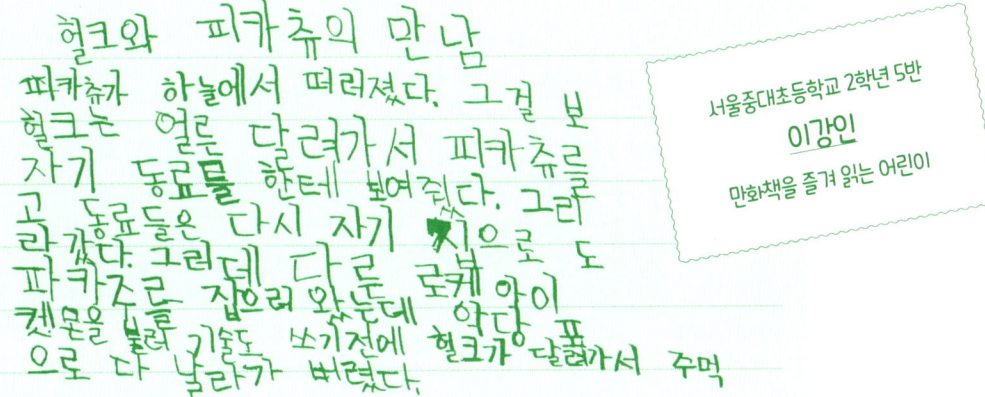

186 지푸라기가 바람에 날려 오더니, 여러분을 옛날 서부 영화 속으로 밀어 넣었어요. 시간은 낮 12시 정각인데, 보안관이 화가 난 표정으로 여러분을 향해 뚜벅뚜벅 걸어오고 있어요. 곧 무슨 일이 벌어질까요?

A straw comes blowing by and knocks you onto the set of an old western movie. It's high noon, and the sheriff comes walking toward you with an angry look on his face. What happens?

2. 여러분만 알고 있는, 여러분만의 이야기를 적어 보아요

이 책의 주인공은 바로 여러분입니다. 여러분이 좋아하는 것들, 여러분만 알고 있는 이야기들을 책에 담아 보세요. 답을 하다 보면 여러분도 몰랐던 자신을 알게 될 거예요.

199 여러분이 제일 존경하는 영웅에게 편지를 써 보세요. 왜 그 사람을 존경하게 되었나요? 그에게 하고 싶은 말은 무엇인가요?
Write a letter to your hero. Why does that person inspire you? What do you wish to tell them?

에릭 테임즈 (프로야구 NC dinos 4번타자)
에릭, 2014년에 한국에 와서 새로운 환경에서도 타자 1위가 될 만큼 적응력이 대단해요.
앞으로 한국야구에서도 전설의 괴물 타자가 되세요.

광운초등학교 4학년 3반
조수안
야구를 좋아하는 어린이

3. 글쓰기가 놀이가 될 수 있어요

친구랑 같이 하나의 질문을 읽고 글을 써 보세요. 서로 쓴 글을 바꿔서 읽어 보세요. 글이 달라도 즐겁고, 똑같아도 신기할 거예요. 글쓰기가 놀이처럼 즐겁고 재밌어질 거예요. 꼭 글이 아니어도 괜찮아요. 생각나는 대로 만화나 그림을 그려도 좋아요. 상상력이 솟아나는 대로 연필을 움직여 보세요.

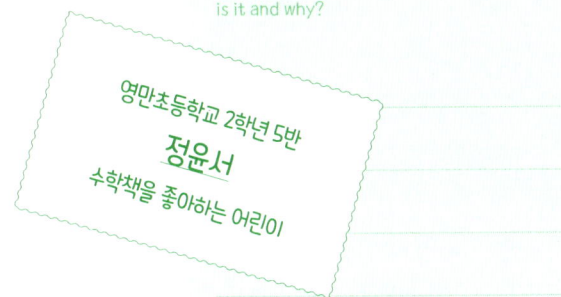

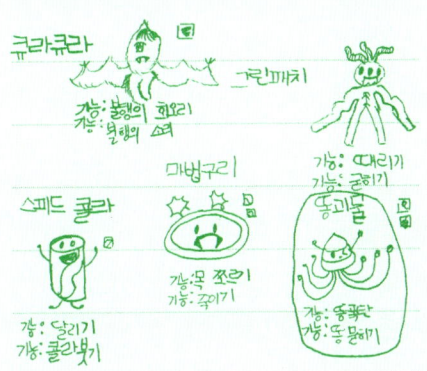

001 바닷가에서 모래성을 쌓고 있는데, 편지가 들어 있는 병이 파도에 밀려 와 여러분 앞에 멈췄어요. 편지에는 무슨 이야기가 쓰여 있을까요?

You're enjoying making sand castles at the beach, when the ocean waves wash up a message in a bottle. You pull out the message: What does it say?

002 여러분은 세계에서 가장 위대한 피자를 개발하라는 과제를 받았어요. 어떤 재료를 골라 무슨 피자를 만들 건가요?

You've been assigned the task of inventing the world's greatest pizza - what ingredients will you choose?

003 사람들이 자동차 대신 거대한 메뚜기를 타고 다닌다면 세상이 어떨지 상상해 보세요.

Imagine the world if people rode giant grasshoppers instead of driving cars.

004 부엌 테이블에 기린 한 마리가 묶여 있어요. 무슨 일이 있는 걸까요?

There is a giraffe tied to your kitchen table. Why?

005 여러분을 위한 새로운 신분, 즉 가명을 만들어 보세요. 새로운 이름은 무엇인가요? 이제부터는 어떤 옷차림을 하고, 어떤 종류의 일을 즐길 건가요?

Make up a new identity, or alias, for yourself. What is your new name? How do you dress now? What types of things do you enjoy doing?

006 여러 명의 우주비행사가 지구에서 멀리 떨어진 행성에 착륙했어요. 비행선 문을 열자마자 그들은 놀라운 광경을 보게 되었어요. 우주비행사들이 새 행성을 탐험하는 동안 겪게 될 모험 이야기를 써 보세요.

Astronauts land on a distant planet. As soon as they open the shuttle door, they see the most amazing sight. Write about the adventures the astronauts have as they explore the new planet.

007 아이들 몇 명이 모여서 등산을 하다가 황금알이 들어 있는 둥지를 발견했어요. 그때, 그 중에 한 알이 뿌지직 하고 금이 가면서 부화하려고 해요. 다음에 무슨 일이 벌어질까요?
A group of students are hiking, when they come across a nest with golden eggs. At that moment, one of the eggs hatches. What happens next?

008 여러분이 놀이공원 한 가운데 있는데, 갑자기 시간이 멈춰 버렸어요. 그곳 광경을 묘사해 보세요.
You're in the middle of an amusement park, and time grinds to a halt. Describe the scene.

009 키 작은 남자가 이상한 모자를 쓰고 식료품점에 들어갔어요. 그 남자에 대해 설명하고, 무슨 일이 일어날지 묘사해 보세요.
A short man walks into the grocery store wearing a strange hat. Describe him and what happens.

010 여러분은 꿈이 자라는 나무를 찾았어요. 나무에서 어떤 꿈을 딸 건가요?
You find a tree that grows dreams. What dreams will you pick from the tree?

011 어느 날 아침 민주가 일어났을 때 자신이 청소기처럼 무엇이든 빨아들일 수 있는 능력이 생겼다는 것을 깨닫게 되었어요. 이후로 무슨 일들이 벌어질까요?
One morning Minju wakes up and realizes she is magnetic. What happens next?

012 진우는 축구 선수권 대회에서 막 승리의 골을 넣었어요. 팀 동료들은 그를 헹가래치며 축하해 주고 있어요. 여러분이 기자가 되어 영웅이 된 그를 인터뷰한다고 가정하고 인터뷰 기사를 써 보세요.

Jinwoo has just scored the winning goal in the football championship. He is a hero, and he is being carried on the shoulders of his teammates. You are the reporter who gets to interview Jinwoo.

013 여러분에게 일주일 동안 날씨를 다스릴 수 있는 힘이 생겼어요. 앞으로 며칠간 학교 수업을 취소하게 만들 거대한 폭설을 일으킬 건가요, 아니면 수업이 진행되는 동안 햇빛이 계속 내리쬐도록 만들 건가요?

You have the power to control the weather for one week. Do you make a giant snowstorm that cancels school for the next few days or do you keep the sun shining while class continues?

014 이 세상에서 모든 유리가 사라졌어요. 어떤 일이 벌어질까요?

All the glass in the world has disappeared. What would happen?

015 여러분이 가족과 함께 저녁 식사를 하고 있는데, 접시 위에 놓인 콩 하나가 여러분에게 속삭이기 시작했어요. 뭐라고 말했을까요?

You are eating dinner with your family, when one of the peas on your plate starts whispering to you. What does it say?

016 여러분은 채식을 하는 호랑이예요. 앞으로 어떻게 생활하게 될까요?

You are a vegetarian tiger. what's your life like?

017 여기저기 팬케이크가 널려 있어요. 대체 무슨 일이 벌어진 걸까요?

There were pancakes everywhere. What is going on?

018 여러분이 첫눈에 반한 사람이 여러분 뒤를 따라오고 있다면 여러분은 어떻게 행동할 건가요?

You realize your crush is following you home. What do you do?

019 여러분은 이웃의 벽돌집이 페인트칠을 한 책으로 이루어진 것을 발견했어요. 그중에서 어떤 책을 꺼내 읽고 싶은가요? 그 책을 빼낸다면 무슨 일이 벌어질까요?

You find out your neighbor's brick house is actually made of painted books. Which one do you want to read, and what happens when you take it?

020

여러분이 사는 도시의 관광 안내 책자를 쓰듯이, 등굣길처럼 여러분이 거의 매일 가는 산책로나 여행에 대해 써 보세요. 사람들이 주목하거나 찾아봤으면 하는 것은 무엇인가요?

Write about a walk or a trip you take almost every day – from your house to school, for example – as if it's in a guidebook to your city. What do you hope people will notice or look out for?

021 나라에서 사탕을 금지하는 법을 통과시키려고 해요. 모든 아이들이 단 것을 먹을 권리가 있는 이유를 설명하는 편지를 써 보세요.

The government is about to pass a law outlawing candy. Write a letter explaining why all kids have the right to eat sweets.

022 한 과학자가 여러분에게 반려동물을 만들어 주겠다고 제안했어요. 완벽한 반려동물을 만들기 위해서는 적어도 4가지 동물의 특징을 결합해야 해요. 동물을 선택하고, 각 동물의 특징 중 장점을 설명해 보세요.

A mad scientist offers to create an animal for you to have as a pet. Combine the traits of at least four animals to craft the perfect pet, explaining the advantage of each characteristic.

023 여러분의 인생에서 용감해져야 했던 때에 대해서 써 보세요. 그때 상황은 어땠나요? 용기를 어떻게 얻었나요?

Write about a time in your life when you had to be brave. What situation were you in? How did you find that strength?

024 여러분이 기르는 개는 여러분이 외출한 사이에 무엇을 할까요? 모험을 나서나요? 아니면 집을 지키나요? 만약 개가 잠을 잔다면 무슨 꿈을 꿀까요?

What does your dog do when you're away? Does it go on adventures or guard the house? If it sleeps, what does it dream about?

025 한 소년이 급하게 주머니에 무언가를 찔러 넣었어요. 그것은 무엇일까요? 소년은 왜 그랬을까요?

A boy quickly sticks something in his pocket. What is it and why?

026 사악한 악당에게 어울릴 만한 이름 다섯 개를 지어 보세요.

List five names that would be perfect for an evil villain.

027 어느 날 여러분은 자신의 사진이 신문에 실린 것을 봤어요. 신문에는 여러분이 실종됐다고 쓰여 있었어요. 대체 무슨 일이 벌어진 걸까요?

You see a picture of yourself in a newspaper. It says you have disappeared. What is going on?

028 여러분이 쥐만큼 작아질 수 있다면 어디로 가서 무슨 일을 할 건가요?

If you could shrink until you were the size of a mouse, where would you go?

029 축하해요! 여러분은 이제 선생님이 되어 무엇이든지 여러분이 원하는 것을 가르칠 수 있어요. 수업은 문법 같은 일반적인 것일 수도, 고급 마술 이론처럼 새로운 것일 수도 있어요. 학생들은 어떤 수업을 받게 될까요? 어떤 과제물이 주어질까요? 학생들은 무엇으로 점수를 받을까요?

Congratulations! You're a teacher now and can teach any class you want. It can be normal (grammar) or new (advanced magic theory). What would students do in class? What would the homework be? What would students be graded on?

030 이야기를 통해서만 접해 본 장소에 대한 안내서를 써 보세요. 부모님께서 늘 이야기하던 장소도 좋고, 여러분이 좋아하는 책에 나온 장소도 좋아요.

Write a guidebook about a place you've been to only in stories. It could be a place that your parents talk about all the time or the setting of your favorite book.

031 여러분이 처음 고향을 떠나 다른 지역을 간 때는 언제였나요? 누구와 함께, 어디로 갔나요? 그 곳은 고향과 무엇이 비슷하고, 무엇이 다른가요? 그때 조금이라도 긴장되었나요?

When was the first time you left your hometown? Where did you go, and with whom? What was the same, and what was different? Were you nervous, even just a little bit?

032 축하해요! 여러분은 화성으로 여행 갈 티켓을 땄어요. 로켓은 며칠 후 떠나기로 되어 있어요. 무엇을 챙겨 갈 건가요? 단, 여러분은 고향으로 돌아오기까지 오랜 시간이 걸릴지도 몰라요.

Congratulations! You've won a trip to Mars. The rocket leaves in a few days; what will you pack? Please keep in mind it might be a long time before you go back home.

033 친구들보다 여러분이 더 잘하는 것은 무엇인가요? 팬케이크 만들기인가요? 그림 그리기인가요? 달나라 이야기를 하는 것인가요? 여러분이 능숙하게 할 수 있는 분야를 잘 할 수 있는 요령을 써 보세요.

What's something that you can do better than anyone else you know? Making pancakes? Drawing? Telling stories set on the moon? Write a how-to guide about your area of expertise.

034 여러분이 가장 좋아하는 단어는 무엇인가요? 이 단어를 특별하게 만드는 것은 무엇인가요? 소리인가요, 의미인가요, 글자들의 생김새인가요?

What's your favorite word? What makes it special? Is it the sounds, the meaning, the way the letters look?

035 여러분이 살고 있는 집은 감정이 있을까요? 있다면 집은 불만에 차 있을까요, 행복할까요, 아니면 그 중간일까요? 집은 얼마나 오래 되었나요? 집이 말을 할 수 있다면 무슨 이야기를 할까요?

Does your house have feelings? Is it grumpy, happy, or somewhere in between? How old is it? If it could tell a story, what would it tell?

036 여러분이 가장 좋아하는 요리는 무엇인가요? 누가 그 요리를 제일 잘 만드나요? 그 요리를 생각하면 무엇이 떠오르나요?

What's your favorite meal? Who cooks it best? What does the meal remind you of?

037 가족 여행 중에 여러분의 남동생이 없어져 버렸어요. 그의 발자국이 거대한 나무 한가운데로 똑바로 이어져 있었어요. 그런데 나무에는 구멍이 하나도 없어요. 남동생은 어디로 간 것일까요? 어떻게 하면 남동생을 찾을 수 있을까요?

On a family trip your little brother goes missing, and his tracks lead straight to the middle of a giant tree. But there's no hole in the tree. Where could he have gone and how do you find him?

038 학교에 처음 갔던 날, 하늘은 무슨 색이었나요? 여러분은 어떤 옷을 입고 있었나요? 그날 어떤 친구를 만났나요? 새로운 것을 배웠나요?

What color was the sky on your first day of school? What were you wearing? Did you meet any friends? Did you learn anything new?

039 부모님께서 주말 동안 일이 있어서 집에 혼자 있게 되었어요. 무슨 일이 일어날까요?
Your parents go out of town for the weekend and you have the house to yourself. What happens?

040 한 소녀가 공원 벤치에 앉아 누군가를 찾고 있네요. 누구를 기다리고 있을까요?
A girl is sitting on a park bench looking around for somebody. Whom is she waiting for?

041 마녀의 주문을 적어 보세요.
Write a witch's spell.

042 곰에 대해 시 한 편을 써 보세요.
Write a poem about a bear.

043 다른 것은 모두 지구와 같지만, 한 가지 큰 차이가 있는 장소를 상상해 보세요.
Create a place exactly like Earth but with one big difference.

044 유명한 역사 인물을 골라 보세요. 그 사람과 여러분 부모님 사이의 대화 내용을 써 보세요.
Pick a famous historical figure and write a dialogue between that person and their parents.

045 여러분이 무지개의 끝을 발견한다면 어떨 것 같은가요?
You find the end of the rainbow...

046 완벽한 침실을 묘사해 보세요. 마음대로 방을 바꿀 수 있다면, 여러분의 방은 어떤 모습이 될까요?
Describe the perfect bedroom. How would your room look if you could do anything you wanted to it?

047 끊어야 할 나쁜 습관을 하나 생각해 보세요. 주인공이 이 습관을 그만둘 수 없는 장면을 써 보세요.
Think of a bad habit, and write a scene where the main character can't stop doing it.

048 여름 노래 가사를 써 보세요.
Write the lyrics to a song about summer.

049 여러분이 좋아하는 이야기 중에서 악당을 하나 골라보세요. 그의 눈을 통해 바라본 세상이 어떨지 써 보세요. 그 악당에게 자신의 행동을 해명할 기회를 줘 보세요.

Choose a villain from one of your favorite stories. Write about the world the way they see it. Give that person a chance to explain their actions.

050 여러분이 생각할 수 있는 가장 창피한 일을 당한 사람들이 슬피 울며 방을 나갔어요. 그다음에 무슨 일이 벌어질까요?

The most embarrassing thing you can think of has just happened to somebody. They leave the room crying. What happens next?

051 가장 좋은 은신처는 어떤 모습일까요?

What would a good hideout be like?

052 용이 지키는 탑에 갇힌 공주를 구하러 오는 기사 이야기를 써 보세요. 단, 용의 입장에서 이야기를 풀어 가야 해요. 아니면 기사가 지키는 탑에 갇힌 용을 구하러 공주가 와도 돼요. 아니면 공주가 지키는 탑에 갇힌 왕자를 구하러 용이 와도 돼요. 아니면 그냥 그들 모두 브런치를 먹으러 나갈 수도 있어요. 모험은 여러분 손에 달려 있어요!

Write the tale of a knight who comes to rescue a princess who is trapped in a tower and guarded by a dragon, but tell the story from the dragon's perspective. Or maybe the princess has come to save the dragon, who is trapped in a tower guarded by the knight. Or the dragon has come to rescue the knight who is trapped in a tower guarded by the princess. Or maybe they all just go out for brunch. It's your adventure!

053 그는 물고기들을 피해서 재빨리 헤엄치고 있어요. 대체 무슨 일이 생긴 걸까요?
He dodged the fish and swam fast... What is going on?

054 무서운 등장인물을 한 명 만날 수 있다면, 누구를 만나고 싶은가요?
If you could meet one scary character, whom would you meet?

055 어떤 사람의 인생 전체 이야기를 한 문장으로 말해 보세요.
Tell somebody's entire life story in one sentence.

056 두 사람이 롤러코스터에서 함께 옴짝달싹 못하게 되었어요. 그들은 무슨 이야기를 하고 있을까요?
Two people get stuck on a roller coaster ride together. What do they talk about?

057 어떤 사람이 급하게 가방을 싸고 있어요. 왜 그럴까요?
Somebody packs a suitcase in a hurry. Why?

058 여러분이 가장 좋아하는 노래 뒤에 숨겨진 진짜 이야기는 무엇인가요?
What is the real story behind your favorite song?

059 새로운 유형의 아침 식사를 생각해 보세요.
Invent a new type of breakfast food.

060 여러분이 생각하는 완벽한 세상을 묘사해 보세요. 그 곳은 어떤 모습이고, 어떤 사람들이 살고 있을까요?

Describe the perfect world. What does it look like? What kind of people would live there?

061 한 기자가 방금 토픽이 될 만한 어떤 중대한 사실을 알아냈어요. 어떤 특종일까요?
A journalist has just discovered something big. What's the scoop?

062 여러분이 지금까지 경험했던 최악의 다툼을 생각해 보세요. 그리고 그것을 다른 사람의 입장에서 써 보세요.
Think of the worst fight you ever had and write it from the other person's perspective.

063 아직까지 없던 새로운 단어(신조어)를 만들어 보세요. 그 단어의 뜻은 무엇인가요?
Come up with a new word. What does it mean?

064 여러분이 냉장고 문을 닫으면 안에 있는 음식은 무엇을 할까요?
What does the food in your refrigerator do when you close the door?

065 여러분이 욕실에 갇혀 나올 수 없다면 무엇을 하겠습니까?
What would you do if you were stuck in a bathroom?

066 새 한 마리가 일주일 동안 여러분이 가는 곳이면 어디든 따라 다니고 있어요. 왜 따라오는 걸까요? 이 새는 누구를 위해 일을 하는 걸까요?

A bird has been following you everywhere you go for a week. Why is it following you? Whom does it work for?

067 여러분이 손가락으로 '딱' 소리를 내면 어떤 역사적 인물이든 그 사람으로 딱 하루 동안 살 수 있어요. 어떤 인물을 선택할 건가요? 투탕카멘 왕? 헬렌 켈러? 칭기즈칸?

For one day you can snap your fingers and live that day as any historical figure. Who will you choose? King Tut? Helen Keller? Genghis Khan?

068 집채만 한 개가 여러분 동네에 나타났어요. 그 개는 여러분과 놀고 싶어 해요. 어떻게 할 건가요?

A dog as big as a house shows up in your neighborhood. He wants to play. What do you do?

069 여러분은 점쟁이예요. 제일 친한 친구의 미래에 무슨 일이 일어날지 점을 쳐 보세요.
You are a fortune-teller. Predict what will happen in your best friend's future.

070 슈퍼히어로가 휴가를 떠난 날, 무슨 일이 벌어질까요?
What happens on a superhero's day off?

071 과학자가 새로운 섬을 발견하고는 여러분에게 이 땅을 개발해 달라고 요청했어요. 이 섬은 어떤 모습을 하고 있나요? 누가 살고 있나요? 이곳에는 어떤 규칙과 법이 있을까요? 이곳의 거주민들은 어떤 언어를 사용할까요?

Scientists have found a new island, and you have been asked to develop this new territory. What does the island look like? Who lives here? What are the rules/laws of this new place, and what language will its residents speak?

072 여러분이 로봇을 만든다면 어떤 로봇을 만들고 싶은가요? 그 로봇은 여러분을 어떻게 도와주나요?

If you had to make a robot, what would it do? How would it help you?

---

073 제일 좋아하는 그림책을 읽고 있는데, 갑자기 그림들이 살아 숨쉬기 시작했어요. 등장인물들은 누구 누구인가요? 살아 있는 이들은 어떤 모습을 하고 있나요? 여러분은 이 사실을 비밀로 할 건가요?

You're reading your favorite picture book, when suddenly the pictures come to life. Who are these characters? What are they like in real life? Do you keep this a secret?

---

074 부모님께서 방과 후 학교로 여러분을 데리러 오는 것을 깜빡 잊어 버렸어요. 여러분은 어떻게 할 건가요?

What would you do if your parents forgot to pick you up after school? What do you do?

075 여러분이 동굴에서 살아야 한다면 무엇을 할 건가요?

What would you do if you had to live in a cave?

076 어느 날 아침 일어나니 여러분은 말도 못 하고 글씨도 쓸 수 없게 되었어요. 주변 사람과 어떻게 의사소통을 할 건가요?

You wake up one morning unable to talk or write. How will you communicate to those around you?

077 여러분이 혼자서 게임을 하고 있는데, 유령이 찾아 왔어요. 무슨 일이 벌어질까요?

You're playing a game by yourself. The ghost shows up on your room. What happens?

078 여러분에게 세상의 가장 큰 문제 중 한 가지를 해결할 수 있는 능력이 생겼어요. 어떤 문제를 선택할 건가요? 그 문제를 해결하면 여러분이 어떻게 바뀔 것 같은가요? 문제가 해결되서 영향을 받은 사람은 정확히 누구일까요? 모든 사람이 여러분의 결정에 찬성할까요?

You are given the ability to solve just one of the world's biggest problems. Which do you choose? How would solving this problem change the person you are? Who exactly is affected by this solution? Would everyone agree with your decision?

079 이 세상에 화산 폭발, 지진, 폭설, 극심한 가뭄, 폭풍, 홍수 등의 자연재해가 없다면 지구는 지금 어떤 모습을 하고 있을까요?

What if there were no natural disasters(Volcanic eruptions, earthquakes, heavy snow, severe droughts, storms, floods etc.) in the world? What would the earth look like?

080 여러분이 아이스크림 가게에 앉아 있었어요. 일어나서 주문을 하려고 할 때, 누군가가 여러분의 자리에 놓고 간 메모를 발견했어요. 그 메모에는 뭐라고 쓰여 있을까요? 누가 그 메모를 놓고 갔을까요?

You're sitting at an ice-cream parlor, and when you get up to get an order, you notice someone has dropped a note on your seat. What does the note say? Who left it?

081 여러분이 바다 속에 있는데, 막 터지려고 하는 어떤 것을 발견한다면 어떻게 할 건가요?

If you were in the ocean and you saw something that was about to blow up, what would you do?

082 여러분은 수학 시간 중에 잠이 들어 악몽을 꿨어요. 무슨 일이 일어났나요? 의자에서 몸이 갑자기 움직였나요? 친구들이 눈치를 챘나요? 침을 흘리고 있었나요?

You fall asleep in math class and have a nightmare. What happens? Do you make a sudden movement in your chair? Do people notice? Are you drooling?

083 여러분이 바다가 되어 다음 질문에 답해 보세요. 여러분은 어떤 종류의 바다인가요? 해파리 혹은 인어들로 가득한가요? 어둡고 사나운 바다인가요, 따뜻하고 고요한 바다인가요? 상상력을 발휘하여 구체적으로 적어 보세요.

Become the ocean and write it out: What kind of ocean are you? Filled with jellyfish or merpeople? Would you be dark and thunderous or warm and calm? Get detailed. Get imaginative.

084 여러분이 나중에 후회하게 된 결정을 내렸던 때를 떠올려 보세요. 그 결정은 여러분, 혹은 여러분과 가까운 다른 누군가의 인생을 바꿨나요? 여러분이 다르게 행동을 했다면 생활이 어떻게 달라졌을까요? 어떤 면에서 변함 없을까요?

Think of a time when you made a decision that you later regretted. Was it something that changed your life or someone's close to you? How would your life have changed if you did things differently? How would it be the same?

085 여러분은 꿈속에서 구름과 비를 만드는 일을 해야 해요. 여러분이 이 일을 하자 사람들이 이를 싫어하고 분노하며 쫓아 왔어요. 그들은 왜 쫓아 온 것일까요?

You have a dream in which you have to make the cloud and rain. When you do, people don't like it and are angry. They chase you. why?

086 여러분이 화산 속에 갇혀 있다면 무엇을 할 건가요?
What would you do if you were stuck in a volcano?

087 여러분이 번데기 속에 있다고 상상해 보세요. 무엇이 보이나요? 벽은 어떤 색과 모양으로 채워져 있나요?
Imagine you're inside a cocoon. What do you see? What are the colors and shapes that fill the walls?

088 어느 날 잠에서 깨어나 보니 여러분은 개가 되었어요. 개밥을 먹을 건가요, 사람이 먹는 음식을 먹을 건가요? 여러분은 고양이를 쫓아갈 건가요?
What would life be like if you woke up and you were a dog? Would you eat dog food or people food? Would you chase after cats?

089 여러분이 땅 속에서 1조 년 동안 옴짝달싹 못하고 있는 벌레라면 나올 때까지 무엇을 할 건가요?

If you were a bug and you were stuck underground for 1,000,000,000,000 years, what would you do until you got out?

090 옛날 옛적 사람들은 다른 방식으로 생활을 했어요. 어떤 방식이냐면…

A long time ago people did things differently…

091 여러분에게 이런 말은 하고 싶지 않지만 사실 여러분은…

I hate to tell you this but…

092 구름 위를 돌아다니면 어떨 것 같은가요? 비가 오고 있을까요? 촉감은 부드러울까요? 구름은 얼마나 클까요? 누구든 여러분과 함께할 수 있을까요?

Write about what it would be like to hang out on a cloud. Is it rainy? Is it soft? How big is the cloud, and can anyone join you?

093 사진 한 장을 찾아 그 사진이 찍히기 전까지 벌어졌던 모든 일을 상상해 보세요. 이 한 순간 뒤에는 어떤 이야기가 숨겨져 있을까요? 사진에서 우리가 볼 수 없는 부분에서는 어떤 일이 벌어지고 있을까요?

Find a photograph and write down everything that happened up until that picture was taken. What's the story behind this one moment? What's going on in the parts of the photo we can't see?

094 어느 날 아침, 여러분은 더 이상 음식을 맛볼 수 없고 단지 재료만 맛볼 수 있다는 사실을 알게 되었어요. 앞으로 무슨 일이 벌어질까요?

One morning, you find that you can no longer taste foods, but only their ingredients. What happens next?

095 여러분은 달에 갈 수 있는 기회나 지구에서 날아다닐 수 있는 능력 중 하나를 받을 수 있어요. 어떤 것을 선택할 건가요?

You are given the opportunity to either go to the moon or stay on Earth with the power to fly. Which one do you choose?

096 어느 날 밤, 여러분이 집으로 걸어 가고 있는데, 운석 하나가 지구를 향해 날아오는 것을 발견했어요. 여러분은 무엇을 할 건가요? 주변 사람들에게 위험을 알려 줄 건가요? 사람들이 여러분의 말을 믿지 않는다면 어떻게 할 건가요?

One night you're walking home, when you see a meteor rushing toward Earth. What do you do? Do you warn the people around you? What if they don't believe you?

097 여러분이 살아 오면서 겪었던 가장 슬픈 일은 무엇인가요? 그때 어떤 기분이 들었나요? 그 슬픔을 어떻게 극복했나요?

What's the saddest thing you've ever felt? What did it feel like? How did you overcome this sadness?

098 14행짜리 시를 써 보세요. 'ㄱ'으로 시작하세요. 각 행은 가나다 순으로 각각 다른 글자로 시작해야 하고, 마지막 행은 'ㅎ'으로 시작해야 해요.

Write a 14-line poem. Start with an "ㄱ" word. Each line should start with a different letter, in Korean alphabetical order. The last line should start with a "ㅎ" word.

099 착한 일을 했지만, 아무에게도 이야기할 수 없었을 때에 대해 적어 보세요. 그 일은 무엇이었으며, 왜 아무에게도 이야기할 수 없었나요? 이 비밀이 어떤 문제를 일으켰나요?

Write about a time when you did a good deed but couldn't tell anyone about it. What was it, and why couldn't you tell anyone? Did this secret cause any problems?

---

100 여러분의 주머니 안에는 무엇이 있나요? 그 물건들이 주머니 안에 있는, 웃기는 이유를 생각해 보세요.

What do you have in your pockets? Make up funny reasons for those things to be there.

---

101 땅 속에 있는 것은 어떨까요? 곤충과 벌레들이 그곳에 살고 있나요? 여러분이 그곳에 산다면 어떨 것 같은가요?

What's it like under the ground? Do insects and bugs live there? Can you imagine what life would be like if you lived there?

102 NASA는 누구에게나 무료로 우주여행을 갈 수 있는 기회를 제공하는 새 프로그램을 막 시작했어요. 단, 여러분이 전혀 모르는 사람과 함께 가야 해요. 무슨 일이 벌어질까요?

NASA has just launched a new program that will allow anyone the chance to go into space for free! However, you must go with a complete stranger. What happens?

103 내가 어린이라는 사실이 참 싫다고 느낄 때는…

What I don't like about being a kid is…

104 오늘 아침 잠에서 깨서 모험을 떠나고 싶다고 생각했어요. 그래서 가방을 싸서 길을 떠났어요. 앞으로 어떤 일이 일어날까요?

This morning I woke up and decided I wanted to go on an adventure, so I packed my backpack and hit the open road. What happens next?

105 내일 여러분은 돈이 가득 든 가방을 들고 공항에 내릴 거예요. 원하는 곳은 어디든 갈 수 있어요. 어디로 갈 건가요?

Tomorrow you will be dropped off at the airport with a suitcase filled with money. You're told to go anywhere you want. Where do you go?

106 여러분은 위대한 가수가 될 건가요, 아니면 위대한 춤꾼이 될 건가요?

Would you rather be a great singer or a great dancer?

107 사진이 있는 오래된 잡지를 찾아서, 사람이나 동물이 있는 사진 두 장을 고르세요. 이 둘을 등장인물로 해서 이들이 서로 나누는 대화를 만들어 보세요. 첫 번째 인물이 "나 좀 도와주겠니? 내가 필요한 것은 …"이라며 말을 시작해요.

Find an old magazine with photos. Choose two photos of people or animals. These will be your characters. Create dialogue between your two characters. The first one says, "Will you help me? I need…"

108 밖으로 나가 보세요. 여러분의 눈에 들어오는 가장 작은 생물은 무엇이고, 가장 큰 생물은 무엇인가요? 그곳에서 전혀 어울리지 않는 것을 고르세요. 어떤 소리가 들리나요? 어떤 냄새가 나나요? 어떤 말이 머릿속에 떠오르나요?

Go outdoors. What's the smallest living thing you notice? The largest? Find something that seems out of place. What do you hear? What do you smell? What words come to mind?

109 사람에 대해서 알고 있는 모든 것을 써 보세요.
Write everything you know about being human.

110 사람에 대해서 모르는 것, 더 알고 싶은 것을 써 보세요.
Write everything you don't know about being human.

111   오늘 신문에서 여러분의 상상력을 자극하는 단어나 문구를 10개 정도 찾아 보세요. 이 말들을 이용해서 시를 써 보세요. 시는 "~이기만 하면 좋을 텐데"로 시작해야 해요.

Take a section of today's newspaper. Find at least ten words or phrases that catch your imagination. Write these words down and use them to create a poem. Your poem should start with the words "If only…"

112   여러분이 하루 동안 곤충이 된다면, 어떤 곤충이 되고 싶은가요? 곤충이 되면 여러분의 평범한 하루가 어떻게 변할 것 같은가요?

If you were an insect for a day, what kind would you be? What does your average day look like?

113 여러분이 선택한 세 나라를 합쳐서 새로운 국가를 만들 수 있다면, 어떤 나라들을 선택할 건가요?

If you could make a new country by combining any three other countries, which ones would you choose?

114 여러분이 좋아하는 만화 등장인물 말투로 시 한 편을 지어 보세요.

Write a poem in the voice of your favorite cartoon character.

115 어느 여름 날 저녁, 여러분은 놀려고 뒷마당에 나갔어요. 그런데 갑자기 어떤 마법과 같은 일이 일어났어요. 식물과 동물들이 모두…

On a summer evening I went out to play in my backyard, when suddenly I realized something magical was happening. All the plants and animals were…

116 여러분은 어둠 속에서도 볼 수 있게 되었어요. 어떤 일들을 겪게 될까요?

You can see in the dark. What happens?

117 여러분은 바다를 가로질러 카약을 타고 있었어요. 그러다 낯선 섬에 도착했다는 것을 깨달았어요. 해변에 다다르자 여러분은 카약에서 내려서 탐험을 하기 시작했어요. 이 섬에서 무슨 일을 겪게 될까요?

I was kayaking across the ocean, when I realized I had come to a foreign land. Upon reaching the shore, I got out of my kayak and went exploring… What happens next?

118 여러분은 이빨 요정의 첫 방문을 맞이했어요. 여러분은…
It was my first visit from the tooth fairy and I…

119 지도를 보세요. 지도에 쓰인 말을 이용해서 다른 사람들이 여러분을 찾을 수 있는 방법을 설명해 보세요.
Look at a map. Use the language on the map to describe how someone might find you.

120 자, 가상의 장소를 추가하고 거리, 강, 공원에 새 이름을 지어 보세요. 여러분을 찾기 위해 어떤 교통수단이 필요한지 이 글을 읽는 독자들에게 반드시 설명해 주세요. 대표적인 건축물, 특별한 나무, 동물, 숨겨진 오솔길도 추가해 보세요.
Now add pretend places and try giving the streets/rivers/parks new names. Be sure to describe what transportation your reader will need to find you. Add landmarks, special trees, animals, or secret pathways.

121 만일 여러분이 하루 동안 부모님 중 한 분과 서로 몸을 바꿀 수 있다면 그렇게 해 볼 건가요? 그렇다면 둘 중 누구와 바꿀 건가요? 직장에 나가서 책임감 있게 행동할 건가요, 아니면 여러분 실제 나이에 맞게 행동할 건가요?

If you could switch bodies with your mother or father for one day, would you? Who would you be? Would you go to work and be responsible? Or would you act your real age?

122 여러분의 할머니나 할아버지의 집을 묘사하고, 그분들이 여러분에게 해 주신 가장 좋은 조언을 적어 보세요.

Describe your grandmother's and/or grandfather's home, and the best advice they ever gave you.

123 친구와 함께 정원을 둘러보던 중 여러분은 숨겨진 연못을 발견했어요. 물속을 들여다 보니 개구리 4마리가 있었는데, 개구리마다 등 위에 글자가 하나씩 쓰여 있었어요. 뭐라고 쓰여 있을까요? 이 개구리들은 여러분에게 무엇을 해 달라고 요구할까요?

While poking around the garden with your friend, you uncover a hidden pond. Inside the water you see four frogs. On each of their backs there is a letter. What do the frogs need you to do for them?

124 숲 속에서 산책을 하다가 공룡 알 세 개를 발견했어요. 여러분은 어떻게 할 건가요?

You are hiking through the woods, and you find three dinosaur eggs. What do you do?

125 여러분이 기르는 개가 밖으로 놀러 나갔을 때 무슨 생각을 할지 상상해 보세요.
Write down what your dog thinks when it goes outside to play.

126 여러분은 모래성을 짓기로 했어요. 하지만 삽과 모래가 없어서 여러분은 …
I decided to build a sand castle, but I didn't have a shovel or sand, so I…

127 과학 실험을 위해 몸이 줄였는데, 과학자가 실수로 여러분을 정원 잔디 위에 떨어뜨리고 말았어요. 앞으로 무슨 일이 일어날까요?
You get shrunk down for a science experiment, but the scientist accidentally drops you on the grass in his garden. What happens next?

128   돼지들이 하늘을 날았을 때 여러분은 바로 그 현장에 있었어요. 그때 무슨 일이 일어났나요?

I was there when the pigs flew. What is going on?

129   여러분이 코끼리 등 위에 올라타고 있었는데, 갑자기 코끼리가 전속력으로 질주하기 시작했어요. 코끼리는 여러분을 어디로 데려가려는 것일까요?

You are riding on the back of an elephant, when suddenly he gallops away. Where does he take you?

130   여러분은 말하는 앵무새를 보조 조종사로 데리고 달나라로 향하고 있어요. 여행 중에 둘은 서로 무슨 이야기를 나눌까요?

You are sailing to the moon with a talking parrot as your copilot. What do the two of you talk about on the journey?

131   여러분은 바닷가의 절벽에 위치한 감귤 농장을 경영하는 농부예요. 여러분의 하루 일과를 묘사해 보세요.

You are the farmer of a tangerine farm that sits on a cliff by the ocean. Describe your day.

132 여러분은 바다를 항해하다가 고래 한 마리가 그물에 걸려 무리에서 떨어져 나온 것을 발견했어요. 여러분은 고래를 도와줘야겠다고 느꼈어요. 고래를 무리로 돌려 보내는 과정을 설명해 보세요.

You are sailing the seas, when you discover a whale trapped in netting and separated from its pod. You feel the need to help the whale. Describe your journey getting the whale back to its pod.

133 몸이 줄어든 여러분은 꽃 덤불 사이를 이리저리 다니다가 요정 무리를 발견했어요. 그들은 요정들만의 특별한 기념일을 보내고 있었어요. 오늘은 어떤 날이며, 요정들이 기념하고자 하는 일은 무엇인가요?

You have been shrunk and are wandering around the flower bushes, when you discover a colony of fairies. The fairies are celebrating a special fairy holiday. What is it, and what types of things do the fairies do to celebrate?

134 여러분이 사하라 사막 한 가운데서 유물을 찾고 있었어요. 땅을 파던 중, 발견되지 않았던 공룡의 뼈가 드러나기 시작했어요. 이 이야기의 나머지 부분을 상상해 보세요.

You are searching for artifacts in the middle of the Sahara desert. As you are digging, you begin to uncover bones belonging to an undiscovered dinosaur. Describe the rest of the adventure.

135 여러분은 공원 안을 걷던 중, 다른 세계로 통하는 구멍에 빠져 버렸어요. 어떤 세상이 펼쳐져 있나요? 그 세계를 묘사해 보세요. 여러분이 그곳에 있는 동안 무슨 일을 만나게 될까요?

You are walking in the park, when you fall into a hole that leads to an alternate universe. Describe it. What happens to you while you are there?

136 여러분은 돌아다니다가 마법사의 작업실을 발견하고, 그 곳에 들어갔어요. 마법사가 여러분에게 날개를 달아 주겠다고 말했어요. 여러분은 마법사의 제안을 받아들일 건가요?

You are walking around, when you discover a magical workshop. You walk in. The owner claims she can give you wings. Do you let her?

137 여러분은 말할 줄 아는 불가사리를 만났어요. 불가사리가 여러분에게 육지에서의 생활을 보여 달라고 부탁했어요. 하지만 불가사리는 5초 넘게 물 밖에 나와 있을 수 없어요. 어떻게 하면 좋을까요?

You discover a talking starfish who asks you to show her what life on land is like, but she can't come out of the water for more than five seconds.

138 여러분은 올림픽 경기를 볼 수 있는 티켓을 얻었어요. 경기를 보러 다니는 도중, 한 무리의 올림픽 배구 선수들이 여러분을 자신들의 팀원으로 착각했어요. 여러분은 살면서 한 번도 배구를 해 본 적이 없어요. 무슨 일이 벌어질까요?

You win tickets to the Olympics, and as you're wandering around the events, a group of Olympic volleyball players mistakes you for one of their team members. You've never played volleyball before in your life. What happens next?

139 여러분은 거리 공연을 하는 사람이 되기로 결심했어요. 공연자로서 여러분의 하루 일과를 묘사해 보세요.

You decide to become a street performer. Write about one day in your life.

140 회계사들이 여러분을 납치해서 카리브해 지역을 향해 가고 있어요. 어떻게 탈출할 수 있을까요?

Accountants have kidnapped you and you are now sailing toward the Caribbean. How do you escape?

141 무지개 꼬리를 단 마법사 너구리가 창문을 통해 여러분의 집으로 기어들어 오고 있어요. 무슨 일이 벌어질까요?

A magical raccoon with a rainbow tail climbs through your window. What happens?

142 여러분은 눈을 감으면 우주 전체를 볼 수 있는 한 소녀를 만났어요. 이 소녀에 대해 설명해 보세요.

You meet a girl who, when she closes her eyes, can see the entire universe. Tell us about this girl.

143 성격이 제각각 다른 연필과 펜이 말을 할 수 있다면 무슨 말을 할까요? 필기구 5개의 성격을 각각 말하고, 그들이 주고받을 법한 이야기를 써 보세요.

What if your pencils and pens could talk, and every one of them had a different personality? Name five of your writing instruments and what their personalities are.

144 어느 날 아침, 잠에서 깨어나니 여러분은 세발가락 나무늘보로 변해 있었어요. 어머니께서 여러분을 깨우려고 방에 들어왔다가 놀라 비명을 지렀어요. 그리고는 동물통제센터로 전화를 했어요. 무슨 일이 벌어질까요?

You wake up one morning and find that you have transformed into a threetoed sloth. When your mother comes in your room to wake you up, she screams. Then she calls animal control. What happens?

145 밝은 오렌지색 꽃이 가득한 들판 사이를 달려가던 여러분은 땅에서 삐죽 튀어 나온 것에 걸려 넘어지고 말았어요. 땅을 파 보니 일기장이 나왔어요. 그것은 누구의 일기장일까요? 읽으면서 어떤 내용을 알게 될까요?

You are running through a field of bright orange flowers, when you trip over something sticking out of the ground. You dig up this object to discover it is a diary. Whose diary is it, and what do you discover by reading it?

146 아홉 번째 생일날, 여러분의 인생을 통틀어 생일 때 빌었던 모든 소원들이 조금씩 이루어졌어요. 이야기를 들려주듯 말해 보세요.

On your ninth birthday, every birthday wish you ever wished in your whole life came true, little by little. Tell it like a story.

147 여러분은 굴을 캐는 잠수부예요. 집만 한 진주를 발견한 여러분은 아무도 이것을 찾은 사람이 없다고 확신했어요. 이 진주를 비밀로 간직할 건가요? 아니면 세상에 알릴 건가요? 여러분이 다음에 할 일은 무엇인가요?

You are an oyster diver, and you discover a pearl the size of your house. You are sure nobody has ever discovered it before. Do you keep the pearl a secret or tell the world? What do you do next?

148 여러분은 벨기에 와플을 아주 좋아해요. 달콤하고 끈적거리는 시럽을 뿌려 입 안 가득히 와플을 먹곤 했어요. 어머니께서는 아침, 점심, 저녁으로 계속 벨기에 와플을 먹었다가는 와플로 변해 버릴지도 모른다고 말했어요. 그런데 어느 날 진짜로 그렇게 변해 버렸어요. 어떤 일이 벌어질까요?

You love to eat Belgian waffles. You cover them in sticky syrup and stuff them in your mouth. Your mother tells you that if you keep eating Belgian waffles for breakfast, lunch, and dinner, you will turn into one. Then one day you do. What happens?

149 부모님께서 여러분에게 북극으로 이사 가서 얼음 요새에 살게 될 것이라고 말했어요. 여러분은 어떻게 반응할 건가요? 그곳에 가면 무슨 일이 벌어질까요?

Your parents tell you that you are moving to the Arctic to live in an ice fortress. How do you react, and what happens once you get there?

150 한 요리 프로그램에서 여러분에게 이 세상에 존재하는 가장 큰 컵케이크를 구우라고 요청했어요. 이 컵케이크는 높이가 3층 이상이 되어야 하고, 폭이 소형 비행선보다 커야 해요. 이 컵케이크를 만들어서 TV 스튜디오로 가져 오는 과정을 묘사해 보세요.

A cooking show asks you to bake them the biggest cupcake that ever existed. This cupcake needs to be taller than three stories, and wider than a blimp. Describe how you make this cupcake and get it to the TV studio.

151 여러분이 동물원에 있는데, 모든 동물이 우리 밖으로 나왔어요. 몸집이 커다란 판다가 여러분을 기린이 전시된 곳 근처로 몰아넣으려고 해요. 여러분이 "그만 둬!" 하고 소리치는 순간, 동물과 소통할 수 있음을 깨닫게 되었어요. 여러분은 무엇을 할 건가요?

You are at the zoo, when all the animals are let out of their cages. When a giant panda has you cornered near the giraffe exhibit you scream, "Stop!" and realize you can communicate with animals. What do you do?

152 누군가 여러분에게 100개의 풍선을 건네자, 여러분은 천천히 푸른 하늘로 떠오르기 시작했어요. 여러분은 어디로 날아가고 있을까요? 그 과정에서 무슨 일이 일어났나요? 그리고 마침내 여러분이 착륙하는 곳은 어디일까요?

Someone hands you 100 balloons, and slowly you begin to float upward toward the blue sky. Where do you float off to, and what happens to you along the journey? And when you finally land?

153 부엉이 한 마리가 창 밖에서 울고 있어요. 여러분은 부엉이 발톱에 있는 비밀 쪽지를 발견했어요. 그 비밀 쪽지에는 무슨 내용이 적혀 있을까요? 다음에는 무슨 일이 일어날까요?

An owl is hooting outside your window. You notice that he is holding a secret note in his talon. What is the secret note about, and what happens next?

154 여러분은 말하는 강아지를 만났어요. 그날 남은 시간 동안 그 강아지와 둘이서 무엇을 할 건가요?

You discover a talking puppy. What do the two of you do for the rest of the day?

155 몸집이 개미만 한 여러분은 실수로 개미구멍 속에 빠졌어요. 개미들은 여러분을 여왕개미가 있는 곳으로 실어 날랐어요. 어떤 일이 벌어질까요?

You're an ant-size person, and you accidentally fall into an ant hole. The ants begin to carry you to their queen. What happens?

156 여러분은 하늘을 날 수 있는 롤러스케이트 한 켤레를 선물로 받았어요. 그걸 타고 어디로 가고 싶나요?

You get a pair of flying roller skates. Where do you go?

157 물탱크에 담긴 문어가 주유소로 굴러 들어왔어요. 문어가 자기를 캘리포니아의 산타 모니카까지 태워 줄 수 있는지 물어봤어요. 둘은 함께 길을 떠나게 되었어요. 출발한 지 5분 뒤에 문어는 여러분에게 땅콩버터와 잼을 바른 샌드위치를 달라고 조르기 시작했어요. 여러분이 어떻게 하면 좋을지 써 보세요.

An octopus comes rolling into a gas station in a water tank. He asks you if you can give him a lift to Santa Monica, California. The two of you head out on the road. Five minutes in to the trip, the octopus starts begging you for peanut butter and jelly sandwiches. Describe what you all do.

158 어느 날 여러분은 스쿨버스에서 잠이 들었어요. 깨어나 보니 이미 목적지는 지나쳤고, 버스는 텅텅 비어 있었어요. 여러분은 어디에 있나요? 집에는 어떻게 돌아갈 수 있을까요? 여러분이 집으로 돌아오기 전에 해야 할 일은 무엇인가요?

One day you fall asleep on the school bus, and when you wake up you realize you have missed your stop, and the bus is empty. Where are you? How do you get back home? Is there something you need to do before you return home?

159 여러분은 지우개가 가득 들어 있는 상자와 매우 작은 펭귄이 나오는 꿈을 꾸었어요. 그 꿈속에서 벌어진 사건들을 써 보세요. 이런 꿈을 꾸는 것이 여러분의 실제 생활에서 무엇을 의미하는지 생각해 보세요.

You have a dream involving a box full of erasers and a very, very small penguin. Fill in the events of that dream. Extra credit: What does having this dream mean about your real life?

160 여러분은 '각자 물건을 가져 와서 발표하는 시간'에 마법의 돌을 가지고 가기로 결정했어요. 돌이 떨면서 달가닥 소리를 내기 시작할 때 무슨 일이 벌어질 것 같은가요?

You decide to bring a magical rock to show-and-tell. What happens when the rock starts to shake and rattle at school?

---

161 여러분은 길가에서 아기 고양이들이 상자에 들어 있는 것을 발견했어요. 어미 고양이는 찾을 수 없었어요. 여러분은 그 고양이들을 어떻게 할 건가요? 또 그 고양이들에게서 어떤 사실을 알고 싶나요?

You find a bunch of kittens in a box on the side of the road. They can't find their mother. What do you do with the kittens, and what do you discover about them?

---

162 말하는 선인장이 여러분에게 열기구를 타는 것이 꿈이라고 말했어요. 하지만 그는 땅에서 떨어질 수 없고, 자신의 가시가 기구를 터뜨릴까 봐 걱정을 해요. 여러분은 선인장의 꿈이 이루어지도록 어떻게 도울 건가요?

A talking cactus tells you his one dream is to ride in a hot air balloon; but he can't move from the ground, and he is afraid he will pop the balloon. How do you help him make his dream come true?

163 만우절의 기원에 관한 멋진 이야기를 꾸며 써 보세요.
Write the fantastic story of the origin of April Fools' Day.

164 주전자와 찻주전자가 어떻게 해서 말다툼을 하게 되었는지 이야기해 보세요.
Tell the story of how the pot and the tea kettle got into an argument.

165 프로 육상 선수인 달팽이로서의 여러분 생활을 묘사해 보세요.
Describe your life as a professional snail racer.

166 동네 전체가 베이지와 회색 집들뿐인데, 길 끄트머리에 밝은 파란색 집이 딱 한 채 있어요. 거기에는 누가 살고 있을까요?
The entire neighborhood is beige and gray, but at the end of the street sits a bright blue house. Who lives there?

167 무언가가 사라졌어요. 사라진 것은 무엇인가요? 어디로 갔을까요?
Something is missing. What is it? Where has it gone?

168 어느 날, 여러분은 박물관에서 '만지지 마시오.'라고 쓰인 안내판으로 빙 둘러진 모나리자 작품을 응시하고 있었어요. 그때 그 유명한 그림이 여러분에게 말을 걸어 왔어요. 그 그림은 박물관에서의 생활에서 탈출하고 싶다고 말했어요. 여러분은 어떻게 할 건가요?

One day at the museum, you are staring at the Mona Lisa with signs all around it that say 'Do Not Touch.' The famous painting starts talking to you, and it tells you that it wants to escape its life in the museum. What do you do?

169 아이 두 명, 사과 한 개, 그리고 한 가지 큰 오해가 얽힌 말다툼에 대해서 써 보세요.

Write an argument involving two kids, an apple, and one massive misunderstanding.

170 여러분이 늙어서 손자에게 여러분이 자란 세상을 이야기해 준다면 뭐라고 할지 편지글로 적어 보세요.

Write a letter to your grandchild about the world you grew up in.

171 색맹이라 빨간색을 인식하지 못하는 사람에게 빨간색을 설명해 보세요.
Describe the color red to someone who is color-blind.

172 이 세상에서 어떤 동물이라도 기를 수 있다면 어떤 동물을 선택할 건가요? 여러분이 그 동물을 키울 수 있도록 부모님을 설득해 보세요.
If you could have any pet in the world, what would it be, and how would you convince your parents to let you keep it?

173 열대 우림 깊숙한 곳에서 치료사인 여러분의 어머니가 새로운 식물을 발견했어요. 어머니는 그 잎은 놀라운 쓰임새가 있다고 말했어요. 그런데 이 식물로 만든 약에는 한 가지 이상한 부작용이 나타나요. 그것은 어떤 것일까요?

Deep in the rain forests, your mother, who is a healer, discovers a new plant. She declares that its leaves have an astonishing use. What is the one strange side effect of this plant's medicine?

174 여러분이 사탕을 개발한다면, 어떤 사탕일까요? 사람들에게 여러분이 만든 사탕이 얼마나 맛있고 좋은지를 알리기 위해서 짤막한 CM송(광고방송용 노래)을 만들어 보세요.

If you could invent any kind of candy, what would it be? Write a little song to convince people how great your new candy is.

175 여러분이 가장 좋아하는 음식에 대해 시를 써 보세요. 반드시 그 음식의 맛과 모양 그리고 여러분에게 주는 느낌도 묘사해 보세요.

Write a poem about your favorite food. Make sure to describe what it tastes like, how it looks, and how it makes you feel.

176 여러분이 기르는 사악한 고양이가 여러분과 자신의 몸을 바꿀 방법을 알아냈어요. 어떤 일이 벌어질까요?

Your cat is an evil mastermind and has figured out how to switch bodies with you. What happens next?

177 좋은 노래란 어떤 것인가요? 그것을 맛보고, 냄새를 맡고, 만지고, 볼 수 있다면 어떤 느낌일까요?

What's a good song? If you could taste it, smell it, touch it, and see it, what would it be like?

178 완벽한 여름을 묘사해 보세요.

Describe the perfect summer.

179 어휴! 지독한 냄새가 나고 있어요. 그것은 무엇일까요? 왜 이렇게 냄새가 고약할까요?

Phew! Something smells awful! What is it? Why is it so stinky?

180 여러분은 원하는 만큼 사용할 수 있는 마법 주문을 하나 알게 되었어요. 그 주문은 어떤 것이며, 그것을 가지고 무엇을 하고 싶나요?

You get one magic spell, but you can use it as much as you want. What is it, and what do you do with it?

181 여러분은 일주일 동안 정글을 탐험하러 갈 예정이에요. 3가지 물건을 가지고 갈 수 있다면 무엇을 가져 갈 건가요? 그것을 선택한 이유는 무엇인가요?

You are about to go explore the jungle for a week. What three things do you bring, and why?

182 여러분이 슈퍼히어로라면, 여러분의 이름은 무엇이며, 슈퍼파워는 무엇인가요?

If you were a superhero, what would your name be, and what would your superpower be?

183 오늘은 여러분의 가장 친한 친구의 생일이에요. 친구의 생일을 준비할 수 있는 예산이 무한정이라면, 여러분은 이 특별한 날을 어떻게 보낼 건가요?

It's your friend's birthday, and you have an unlimited budget to plan their party. how will you enjoy this special day?

184 램프의 요정 지니가 나타나 여러분에게 세 가지 소원을 들어주겠다고 했어요. 여러분은 어떤 소원을 빌 건가요? 그 소원을 이루었을 때 발생할 수 있는 안 좋은 일은 무엇인가요?

A genie grants you three wishes. What do you wish for, and what's the worst that could happen?

185 서로 다른 두 편의 책이나 TV 프로그램, 영화 속에서 여러분이 가장 좋아하는 등장인물 둘이 만났다고 상상해 보세요. 그들은 어떻게 말하며, 무엇에 대해 이야기할까요?

Imagine that two of your favorite characters from two different books, TV shows, or movies meet. Write a conversation between them. How do they speak, and what are they talking about?

186 지푸라기가 바람에 날려 오더니, 여러분을 옛날 서부 영화 속으로 밀어 넣었어요. 시간은 낮 12시 정각인데, 보안관이 화가 난 표정으로 여러분을 향해 뚜벅뚜벅 걸어오고 있어요. 곧 무슨 일이 벌어질까요?

A straw comes blowing by and knocks you onto the set of an old western movie. It's high noon, and the sheriff comes walking toward you with an angry look on his face. What happens?

187 여러분이 해변에 앉아 책을 읽는데, 인어가 물가에 나타났어요. 인어의 꼬리가 사람의 다리로 변하더니 도로를 향해 걸어가기 시작해요. 여러분은 무엇을 할 건가요?

You are sitting on the beach, reading a book, when a mermaid appears at the water's edge. Her tail turns into legs and she begins to walk away toward the road. What do you do?

188 여러분이 치타로 살아가는 하루를 묘사해 보세요.

Describe a day as a cheetah.

189 여러분은 '끼익' 하는 날카로운 소리가 도시 전체에서 울려 퍼지는 것을 듣고 잠에서 깨어났어요. 무슨 일인지 확인하기 위해 여러분은 침대에서 뛰어내려 왔어요. 소리는 왜 난 것일까요?

You are awoken by a high-pitched squeal that can be heard throughout the city. You jump out of bed, ready for action. What is all the noise about?

190 어느 날 아침 일어나 보니 모든 환경이 달라져 있었어요. 여러분의 생활은 어떻게 달라질까요?

One morning, everything is different. How do we change your life?

191 여러분은 카우보이예요. 여러분의 말에게 시를 써서 읽어 주세요.

You are a cowboy. Write a poem to your horse.

192 여러분은 새처럼 날거나 물속에서 상어처럼 헤엄치고 숨쉴 수 있는 능력을 줄 수 있는 늙은 마법사를 만났어요. 어떤 능력을 달라고 할 건가요?

You meet an old wizard who offers you the power to fly like a bird or swim and breathe underwater like a shark. What would you ask?

193 여러분은 숲 속을 산책하다가 옆에 커다란 구멍이 뚫린 나무 한 그루와 마주쳤어요. 그 구멍은 지하와 연결되어 있었어요. 여러분은 그 안으로 들어 갔어요. 무슨 일이 벌어질까요?

You are hiking through the forest, when you come upon a tree with a huge hole in its side. It is the entrance to an underground passage. You go inside. What happens?

194 여러분은 불타는 건물에서 용기 있게 강아지를 구해서 지역의 영웅이 되었어요. 새롭게 얻은 유명세로 인해서 여러분의 생활은 어떻게 바뀌게 될까요?

You save a puppy from a burning building and become a local hero. How does your life change because of your newfound celebrity?

195 버스에 올라타자 다른 승객들이 여러분을 가리키면서 수군거리기 시작했어요. 대체 왜 그러는 걸까 혼란스럽고, 그들의 시선 때문에 불편해 하는데, 한 남자가 다가와 어깨를 툭툭 치면서 "실례합니다만…"이라며 말을 걸어 왔어요.

You get onto the bus and see the rest of the passengers pointing at you and whispering. You are confused and self-conscious until finally a man walks toward you, taps you on the shoulder, and says, "Excuse me, but…"

196 "결국 사람들은 마을을 떠났다."라는 문장으로 끝나는 이야기를 써 보세요.

Write a story that ends with the line "The people finally abandoned the village."

197 "지안이가 저 미니 돼지를 집에 데려온 날부터 점점 이상한 일들이 벌어졌다."라는 문장으로 시작하는 짧은 이야기를 써 보세요.

Write a short story that begins with the line "Things had been getting stranger and stranger ever since Jian brought that teacup pig home."

198 여러분의 가장 친한 친구가 자신은 늑대인간이라고 고백했어요. 그는 여러분에게 다음 보름달이 완전히 차오를 때 아무 일도 일어나지 않도록 여러분의 집에서 하룻밤만 묵게 해 달라고 부탁했어요. 그날 밤에 무슨일이 일어날지 써 보세요.

Your best friend tells you that they are a werewolf. They ask you to sleep over during the next full moon to make sure nothing bad happens. Write about your night.

199 여러분이 제일 존경하는 영웅에게 편지를 써 보세요. 왜 그 사람을 존경하게 되었나요? 그에게 하고 싶은 말은 무엇인가요?
Write a letter to your hero. Why does that person inspire you? What do you wish to tell them?

200 여러분이 키우는 반려동물을 기리는 시 한 편을 써 보세요. 반드시 소리, 냄새, 성향 등등을 묘사하면서 구체적으로 쓰세요.
Write an ode to your pet. Make sure to be specific(describe sounds, smells, tendencies, etc.).

201 여러분은 스타를 위해 일하는 리무진 운전기사예요. 일하면서 가장 신났던 밤에 대한 이야기를 써 보세요.
You are a limo driver for the stars. Write about your most exciting night on the job

202 여러분은 하루에 10번씩 똑같은 다람쥐를 만나요. 10번째 만났을 때 다람쥐가 여러분에게 따라오라는 몸짓을 했어요. 다람쥐를 따라 학교 뒤편에 있는 숲 속으로 갔어요. 그 다람쥐가 데려간 곳은 어디일까요?

You see the same squirrel ten times in a day. The tenth time, the squirrel squeaks at you and beckons you to follow. You run after it as it leads you to the forest behind your school.

203 여러분은 체스 판 위의 왕이에요. 왕은 어떻게 살 것 같나요? 움직일 수 없어서 짜증이 나나요? 여러분은 게임 중간중간에 무엇을 하나요?

You are the king on a chessboard. What is life like? Are you frustrated by how little you can move? What do you do in the hours between games?

204 비유와 은유만 사용해서 여러분이 가장 좋아하는 과일을 묘사해 보세요. 맛은 어떤가요? 냄새는 어떤가요? 그것을 먹을 때 기분은 어떤가요?

Explain your favorite fruit using exclusively similes and metaphors. How does it taste? How does it smell? How does eating it make you feel?

205 여러분은 칫솔이에요. 칫솔의 입장에서 양치질을 하는 누군가에 대해서 묘사해 보세요.

You're a toothbrush. Describe someone brushing their teeth from your point of view.

206 밀림에서 잡혀 와 동물원에 살고 있는 사자의 입장에서 시를 한 편 써 보세요.

Write a poem from the point of view of a lion at the zoo.

207 어느 날 여러분에게 꼬리가 돋아났어요. 꼬리는 어떤 역할을 할까요?

One day you sprout a tail. What do you use it for?

208 여러분은 지구에서 두 번째로 빠른 사람이에요. 가장 빠른 사람과 여러분은 어떤 관계일까요?

You are the second-fastest human on earth. What is your relationship with the fastest human like?

209 열대우림을 탐험하는 유명한 생물학자인 여러분은 새로운 종(種)을 발견했어요. 그 종에 어떤 이름을 붙일 건가요? 그 생김새는 어떠한가요? 그것은 어떻게 행동하나요? 그 종을 발견하기까지 왜 그렇게 오랜 시간이 걸렸나요?

You are a famous biologist exploring the rain forest and you discover a new species. What do you name the species? What does it look like? How does it act? Why did it take so long to discover?

210 책이나 영화에서 여러분이 가장 좋아하는 등장인물을 골라 그들의 학창 시절이 어땠는지 상상해 보세요. 그들은 수다쟁이였나요? 부끄러움을 탔나요? 그들은 운동을 잘 했나요? 최대한 구체적으로 설명해 보세요.

Pick your favorite character in a book or movie and write about what they were like in school. Were they talkative? Shy? Were they good at sports? Explain them in as much detail as possible.

211 여러분은 일기장 뒤편에서 옷장을 타임머신으로 사용하는 방법이 쓰인 메모지를 발견했어요. 타임머신을 타고 첫 번째로 어디를 가서 무엇을 하고 싶은가요? 시간 여행을 하면 어떤 기분이 들까요? 시차를 느낄까요?

You find a note in the back of your journal that explains how to use your closet as a time machine. Where do you go first? What do you do? How does traveling in time feel? Do you experience jet lag?

212 신문 1면을 보세요. 1면에 나온 기사에서 어구나 문장을 찾아 조합해서 자신만의 새로운 기사를 써 보세요.

Look at the front page of the newspaper. Grab phrases or sentences from any story and combine them to make an original article.

213 여러분은 잠에서 깨어나 보니 외국의 원주민들이 사는 집이었어요. 그들은 매우 붙임성이 좋고, 여러분의 가족과는 완전히 달랐어요. 첫날 아침 식사는 어떨 것 같나요? 함께 식사하는 장면을 자세히 설명해 보세요.

You wake up in a foreign country in the house of a native family. They are extremely friendly but completely different from your family. Explain what your breakfast that first morning is like.

214 신데렐라의 의붓언니 중 한 명의 입장에서 신데렐라 이야기를 풀어 나가 보세요. 여러분은 자신이 좋은 사람이라고 생각하고 있어요. 새로 가족이 된 여동생에 대해서 어떤 느낌을 받았나요? 여러분의 어머니가 그녀에게 못되게 굴 때 어떤 기분이 들었나요?

Write the story of Cinderella from the point of view of one of the stepsisters. You think you're a good person. How do you feel about a new sister joining the family? Do you feel bad when your mom is mean to her?

215 운율에 맞춰 이야기할 줄 아는 펭귄 이야기를 써 보세요.
Write a story about a penguin that rhymes.

216 단어의 소리와 글자의 모양, 뜻을 다 고려해 완벽하다고 생각하는 문장을 써 보세요.
Try to write the perfect sentence. Think about the sounds of the words, the shapes of the letters, the meaning.

217 마녀가 여러분의 제일 친한 친구를 금덩어리로 만들어 버렸어요. 오직 여러분만이 친구를 구할 수 있어요. 단, 마법의 주문을 되돌릴 방법을 알아야 해요.
A witch turns your best friend into a bar of gold, and only you can save your friend – if only you knew how to reverse the spell.

218 가상의 마을에 대해서 백과사전 항목을 써 보세요. 그 도시 사람들은 어떤 음식을 먹나요? 그들은 어떤 언어를 사용하나요? 그들은 무엇을 믿나요?
Write an encyclopedia entry about a fictional town. What kind of food do the people eat? What language do they speak? What do they believe in?

219 아직 한 번도 만들어진 적이 없는 책이나 영화의 평을 써 보세요. 여러분이 적절하다고 생각하는 만큼 긍정적으로, 또는 비판적으로 써 보세요. 반드시 주제가 무엇인지에 대한 설명은 있어야 해요.

Write a review of a book or movie that has never been made. Be as positive or as critical as you see fit. Make sure to give a description of what it is about.

220 시각적인 형용사를 사용하지 않고 해적 이야기를 써 보세요. 냄새, 소리, 배와 해적 생활에 대한 느낌에 집중하세요.

Write a story about a pirate without using visual adjectives. Focus on the smells, the sounds, and the feeling of the boat and the pirate life.

221 전구나 우산처럼 생명이 없는 물건의 눈을 통해서 이야기를 써 보세요. 이들의 평소 생활은 어떨까요? 이들은 어떤 생각을 할까요? 사용되지 않을 때에는 무엇을 할까요?

Write a story through the eyes of an inanimate object (a lightbulb, an umbrella, etc.). What is an average day like? What does it think about? What does it do when it's not being used?

222 여러분은 기차를 타고 먼 길을 여행하고 있어요. 창밖으로 비치는 풍경을 묘사해 보세요.

You are taking a train through a distant land. Write about the landscape you see.

223 잠자리에서 일어날 때부터 학교에 도착하기까지 무엇을 하는지 되도록 세세하게 설명해 보세요. 최선을 다해 빠짐없이 적어 보세요.

In as much detail as possible, explain what you do from the moment you get up until the time you arrive at school. Try your best not to leave anything out.

224 여러분은 강변에서 낮잠을 자려고 해요. 여러분이 졸고 있을 때, 강의 물결 소리가 말처럼 들리기 시작했어요. 강이 여러분에게 뭐라고 말하나요? 강은 여러분이 무엇을 하기를 바라나요?

You are about to take a nap by a river, and as you are dozing off, the rush of the river begins to sound like words. What does the river say to you? What does it want you to do?

225 여러분은 꿈의 집을 디자인하고 있어요. 벽은 무슨 색인가요? 어떤 특별한 방을 만들고 싶나요? 안에서는 어떤 음악을 틀고 싶은가요? 여러분이 내린 각각의 결정에 대한 이유를 써 보세요.

You are designing your dream house. What color would the walls be? What special rooms would you have? What music would play inside? Give the reasons behind each decision you make.

226 고조할머니께 편지를 써 보세요. 여러분의 집안 내력에 대해 궁금한 점을 모두 할머니께 여쭤 보세요. 할머니께 여러분과 가족에 대해 설명해 보세요.

Write a letter to your great-great-grandmother. Ask her anything you want to know about your family's history. Tell her about yourself and your family.

227 부모님께서는 여러분이 스포츠를 배우기 바라지만, 여러분은 피아노를 정말로 배우고 싶어요. 부모님께 피아노 수업을 통해서도 스포츠 수업과 똑같은 효과를 얻을 수 있음을 설득하는 편지를 써 보세요.

Your parents want you to learn a sport, but you really want to learn the piano instead. Write a letter to your parents convincing them that you'll get the same benefits from piano lessons.

228 가족과 함께 동물원 나들이를 나왔어요. 여러분이 곰을 계속 구경하는 사이에 부모님께서는 앵무새를 보기 위해 여러분과 멀어졌어요. 여러분이 혼자 있는 이때 곰 한 마리가 여러분을 돌아보면서 "나를 여기서 꺼내 줘."라고 말했어요. 여러분은 어떻게 할 건가요?

During a trip to the zoo, your parents walk off to look at the parrots while you're still looking at the bears. Now that you're alone, one of the bears turns to you and says, "Get me out of here!" What do you do?

229 여러분은 음료수 한 잔에서 미래를 볼 수 있다는 것을 알게 되었어요. 여러분은 친구에게 안 좋은 일이 생길 것을 보았어요. 그 일은 무엇일까요? 여러분은 어떻게 할 건가요?

You learn that you can see the future in a glass of soda. You see something bad is going to happen to your friend. What is it and what do you do about it?

230 여러분이 하루 동안 결과 없이 살 수 있다면, 무엇을 할 건가요?

If you could live one day without consequences, what would you do?

231 이상하게도 'ㅋ'이 우리말에서 사라져 버렸어요. 무슨 일이 일어날까요?

The letter 'ㅋ' has mysteriously disappeared from the Korean alphabet. What happened?

232 여러분은 해야 할 숙제가 잔뜩 있는데, 여러분의 방은 난쟁이들로 가득 차 있어요. 어떻게 할 건가요?

You have a ton of homework to do, but your room is full of gnomes. What do you do?

233 어머니께서 여러분에게 설거지를 하라고 했는데, 수도꼭지를 틀자 물이 아닌 다른 것이 나왔어요. 그것은 무엇일까요?

Your mother tells you to wash the dishes, but when you turn on the faucet, something that isn't water comes out. What is it?

234 어느 따분한 날, 갑자기 지구가 침공을 당했어요. 상황이 어떻게 전개될까요?
It was a fairly dull day, until the planet was invaded. What happens next?

235 한 소녀가 유랑 서커스장에서 실종되었어요. 무슨 일이 일어난 걸까요?
A girl goes missing at a traveling circus. What is going on?

236 여러분은 텅 빈 길을 따라 걷다가 구멍에 빠졌어요. 여러분이 떨어진 곳은 지하 세계로 연결되는 구멍이었어요. 이곳 사람들은 운율에 맞춰서 말하고, 계단을 싫어해요. 여러분은 어떻게 집으로 되돌아 갈 건가요?

You're walking alone down an empty street and fall into a hole. You land in the underground world, where people speak in rhymes and hate stairs. How do you get back home?

237 여러분은 지하 감옥에서 탈출을 해야 해요. 가진 것이라고는 껌, 새총 그리고 팻이라는 요정뿐이에요. 어떻게 지하 감옥에서 탈출해서 무시무시한 여왕을 피할 수 있을까요?

You have to escape from a castle dungeon and you have only a piece of gum, a slingshot, and a fairy named Pat. How do you get out of the dungeon and avoid the terrible queen?

238 도적들이 여러분을 어두운 숲 속으로 데리고 왔어요. 숲 반대편에는 도적들을 아침밥으로 잡아먹는 트롤(북유럽 신화에 등장하는 상상 속 괴물)이 살고 있어요. 여러분은 도적떼를 어떤 방법으로 유인해서 트롤이 여러분을 구해주도록 만들 건가요?

Bandits have taken you into the dark forest. But there's a troll on the other side of the forest who eats bandits for breakfast. How will you lure the bandits there so that the troll can save you?

239 잃어버린 양말은 어디로 갔을까요?
Where do lost socks go?

240 시리얼이 가진 가장 좋은 점은 무엇일까요?
What's the best thing about cereal?

241 여러분은 모든 시계가 천천히 움직이기 시작했다는 것을 알게 되었어요. 여러분의 하루는 어떻게 변할까요?
You notice that all the clocks have begun moving too slow. How do you change your day?

242 한 소년이 집에 도착해서 우편함에 우표가 없는 작은 소포가 있는 것을 발견했어요. 그것은 먼 곳에서 온 것처럼 보여요. 누가 보낸 것일까요? 속에 무엇이 들어 있을까요?
A boy comes home to find a small package in the mailbox with no postage stamp, and it looks as if it's come a long way. Who sent it? What is it?

243 거대한 털북숭이 토끼가 여러분이 다니는 학교를 점령했어요. 그날 일어난 일을 써 보세요.
Write about what happens the day giant fluffy bunnies take over your school.

244 페가수스와 유니콘 중 어떤 것이 더 나은가요? 왜 그렇게 생각하나요?
Which is better: a pegasus or a unicorn? Make your case.

245 여러분은 어떤 성격인가요? 고집이 센가요? 내성적인가요? 다정한가요? 어떤 점이 가장 마음에 드나요? 바꾸고 싶은 것은 무엇인가요?

How would you describe your personality? Stubborn? Shy? Friendly? What do you like best about those things? What would you like to replace?

246 여러분이 기르는 개가 말을 배우기로 결심했어요. 왜 프랑스어를 배우는 게 가장 좋은지 설득해 보세요.
Your dog has decided to learn a language. Convince him why French would be a good idea.

247 사람들은 왜 모두 뒤로 걷고 있을까요?
Why is everyone walking backward?

248 1849년의 금을 캐는 광부들에게 전자메일을 어떻게 사용하는지 설명해 보세요.
Explain to a gold miner from 1849 how e-mail works.

249 물속에 있는 느낌이 어떤지 묘사해 보세요.
Describe how it feels to be underwater.

250 부모님께서 여러분의 고등학교 졸업 파티에서 할 연설문을 써 보세요.
Write the speech your mom or dad will give at your high school- graduation party.

251 여러분은 막 장을 보고 돌아왔는데, 본 적도 없고 절대 사지 않은 것이 바구니 맨 밑에 깔려 있었어요. 이것은 무엇이며, 이것을 가지고 뭘 할 건가요?

You've just come back from the grocery store and you discover something in the bottom of the bag that you've never seen before and definitely did not buy. What is it, and what do you do with it?

252 여러분 기억 속에 가장 오래된 겨울은 언제이며, 어떤 기억인가요?

What is your earliest winter memory?

253 벽장 속에서 물건을 세 개만 제외하고 모두 다 없애야 한다면 무엇을 남길 건가요? 그 이유는 무엇인가요?
If you had to get rid of everything in your closet except for three items, what would you keep? Why?

254 봄의 가장 좋은 점은 무엇인가요?
What is the best thing about spring?

255 최대한 빨리 달린다는 것은 어떤 느낌인지 묘사해 보세요.
Describe what it's like to run as fast as you can.

256 여러분의 집안에 가훈이 있다면 그것은 무엇인가요?
If your family had a motto, what would it be?

257 여러분이 두려워하는 것은…
I am afraid of…

258 여러분의 옆집에 사는 사람이 요정이라는 것이 밝혀졌어요. 여러분은 그것을 가족에게 증명해야 해요. 어떻게 증명할 수 있을까요?

It turns out, your next-door neighbor is a fairy and you have to prove it to your family.

259 "귀성길에 오르다"라는 말이 여러분에게 의미하는 것은 무엇인가요?

What does "home for the holidays" mean to you?

260 만일 여러분의 아파트나 집에 불이 났다면 어떤 것을 제일 먼저 구할 건가요? 혹은 어떤 것을 가장 먼저 챙길 건가요? 그 이유는 무엇인가요?

If your apartment or house were on fire, what would you save, and why?

261 대대로 이어져 오는 여러분 가족의 전통은 무엇인가요?
What are your family traditions?

262 다른 사람이 여러분을 어떻게 생각하든 개의치 않는다면 여러분은 어떤 행동을 하게 될까요?
If I didn't care what anyone thought...

263 과거에 하고 싶었는데 하지 못해서 지금까지도 아쉬운 일은 무엇인가요?
I wish I had...

264 과거에 했던 일 중 후회되는 일은 무엇인가요?
I wish I hadn't...

265 주인공이 아닌 조연급 등장인물 입장에서 여러분이 좋아하는 동화를 다시 써 보세요.
Rewrite your favorite fairy tale from the point of view of one of the less important characters.

266 미래에 모든 사람들이 입게 될 옷은…
In the future, everyone will wear...

267 여러분 학교의 점심 급식은 어떤가요?
What are your school lunches like?

268 '눈' 하면 생각나는 것은 무엇인가요?
What do you associate with 'snow'?

269 여러분은 무엇으로 유명해지고 싶은가요?
What would you like to be famous for?

270 여러분이 거짓말했던 일에 대해 써 보세요.
Write about something you've lied about.

271 여러분은 방과 후에 무엇을 하나요?
What do you do after school?

272 여러분이 가장 가고 싶은 장소를 떠올리게 하는 아이스크림 맛을 묘사해 보세요.
Describe a flavor of ice cream that reminds you of your favorite place to visit.

273 신화 속 동물을 반려동물로 키운다면 어떤 동물을 선택할 건가요? 그 반려동물과 함께 무엇을 할 건가요?

What would it be like to have a mythical creature for a pet? What creature would you choose? What would you do with your pet?

274 여러분이 가장 좋아하는 가상의 등장인물과 하루를 보낼 수 있다면 누구를 선택할 건가요? 그와 함께 무엇을 할 건가요?

If you could spend a day with your favorite fictional character, whom would you pick, and what would you do together?

275 단 하루 동안 유명해질 수 있다면 무엇을 할 건가요?

If you could be famous for just one day, what would you do?

276 여러분의 형제 또는 친구 중 한 명과 무언가를 맞바꿀 수 있다면, 무엇을 바꿀 건가요? 그 이유는 무엇인가요? 바꾸지 않겠다면 그 이유는 무엇인가요?

If you could trade a sibling(friend) for something else, what would it be, and why? Or why wouldn't you?

277 여러분을 위해 허드렛일을 한 가지 할 수 있는 기계를 발명할 수 있다면 어떤 일을 하도록 만들 건가요?

If you could invent a machine to do one chore for you, what chore would that be?

__278__ 여러분이 좋아하는 비디오 게임에서 등장인물을 골라 보세요. 그들은 '현실' 세계로 넘어와 24시간 동안 머물게 되었어요. 여러분은 그들의 안내자예요. 그 하루를 묘사해 보세요. 여러분이 준비한 가장 재미있는 계획은 무엇인가요? 그들이 가장 기억할 만한 것은 무엇인가요?

Choose a character from your favorite video game. They stumble into our "real" world for 24 hours. You are their guide. Describe the day. What would be your highlights? What would they remember the most?

279 여러분은 잊혀진 보물을 찾아 나선 고고학자예요. 여러분이 여정에서 본 것을 묘사해 보세요. 여러분은 무엇을 찾고 있나요? 그것을 찾았나요?
Imagine you're an archaeologist searching for a lost treasure. Describe what you see along the way. What are you looking for? Do you find it?

280 여러분의 신체 중 일부를 바꾸고 싶다면 그것은 어디인가요? 그 이유는 무엇인가요?
If you could change part of your body, what would it be? Why?

281 '레모네이드' 하면 무슨 생각이 떠오르나요?

What do you associate with 'lemonade'?

282 바닥에 뜨거운 용암이 흐른다면 여러분은 어떻게 할 건가요?

What would you do if the floor were actually hot lava?

283 '화장지'의 하루에 대해서 써 보세요.

Write about the day of 'toilet paper'.

284 여러분은 벽에 붙어 있는 파리인데, 유명 인사 둘이서 하는 대화를 엿듣고 있어요. 그들은 무슨 이야기를 나누고 있나요?

You are a fly on the wall and overhear a conversation between two famous people. What are they talking about?

285 여러분이 태어났을 때부터 지금까지 5개에서 10개의 최신 소식을 써 보세요.
Write five to ten very short updates from your life, from birth until now.

286 쿠키 중독자와 그를 중독에서 벗어나도록 노력했던 그 친구들의 이야기를 써 보세요.
Write about a cookie addict and the intervention their friends have to try to help.

287 슬럼프에 빠진 작가에 대한 이야기를 써 보세요.
Write about a writer having writer's block.

288 줄에서 떨어진 줄타기 곡예사 이야기를 써 보세요.
Write about a tightrope walker who falls.

289 키가 매우 큰 사람은 무슨 걱정을 할까요?
Write about the worries of a very tall person.

290 목재로 변한 나무의 입장에서 글을 써 보세요.
Write from the perspective of a tree turned into lumber.

291 이 세상에서 모든 시계와 달력이 사라졌어요. 어떤 일이 벌어질까요?
All the clock and calendar in the world has disappeared. What would happen?

292 먹이를 사냥하는 사자에 대한 이야기를 써 보세요.

Write about a lion hunting its prey.

293 악몽을 꾼 새끼 고양이와 이를 위로하는 어미 고양이의 대화를 상상해 보세요.

Write about a kitten having a nightmare and its mother comforting it.

294 돌고래로 변한 사람에 관한 이야기를 써 보세요.

Write about a human who has turned into a dolphin.

295 낮잠 자기를 원하지 않는 아기의 입장에서 이야기를 써 보세요.

Write from the perspective of a baby who doesn't want to take a nap.

296 교도소에 구금된 반항적인 10대에 대해서 써 보세요. 왜 구금이 되었을까요?
Write about a rebellious teenager in detention. Why?

297 감옥에서 탈출한 이야기를 스릴 넘치게 써 보세요.
Write about an escape from jail.

298 이 세상에서 가장 나이가 많은 사람에 대해서 써 보세요.
Write about the world's oldest person.

299 한 소녀가 아기를 돌보는 경험에 대해서 써 보세요.
Write about a girl's babysitting experience.

300 아빠에게 조랑말을 사달라고 조르는 어린 소녀에 대해서 써 보세요.
Write about a little girl begging for a pony.

301 냉장고 밑에 버려진 얼음 조각에 대해서 써 보세요.
Write about an ice cube abandoned under the fridge.

302 공중에 풀려난 풍선의 입장에서 이야기를 써 보세요.
Write from a balloon's perspective after being released into the air.

303 노란색에 집착하는 사람에 대한 이야기를 써 보세요.
Write about a person obsessed with the color yellow.

304 여러분의 머리카락은 발끝까지 길어요. 긴 머리는 여러분이 지닌 비밀의 슈퍼 파워를 유지하는 원동력이기도 해요. 이 슈퍼파워는 어떤 것일까요? 무슨 일이 벌어질까요? 또 슈퍼파워는 어떻게 갖게 되었는지 써 보세요.

You have hair down to your feet, and it is also the source of your secret superpowers. What are they? What happens? And write the story of how you got your superpowers.

305 정말로 하기 싫은 도전을 막 하려고 하는 어린아이에 대해 써 보세요. 그것은 무엇인가요?
Write about a kid who is about to do a dare she really doesn't want to do. What is it?

306 토네이도가 발생하는 동안 동굴에 갇힌 15명의 사람들에 대한 이야기를 써 보세요.
Write about 15 people trapped in a cave during a tornado.

307 제기차기 게임 중 제기의 입장에서 이야기를 써 보세요.
Write from the jeaki's perspective during a Korean traditional game, jaekichagi.

308 새로운 춤을 개발해 보세요.

Invent a new dance move.

309 여러분이 사랑하는 사람의 가장 웃기는 점은 무엇인가요?

What's the funniest thing about someone you love?

310 한창 젖을 짜고 있는 소의 입장에서 이야기를 써 보세요.

Write from a cow's perspective while it is being milked.

311 여러분이 가장 좋아하는 또는 가장 싫어하는 음식을 스푼으로 먹을 때 맛과 느낌을 묘사해 보세요.

Describe the taste and texture of your favorite (or least favorite) kind of food you eat with a spoon.

312 여러분의 발에서 지독한 냄새가 나지만, 여러분은 전혀 냄새를 맡을 수 없어요. 누군가가 물어보면, 불쾌한 냄새의 원인으로 주변에 있는 것을 가리켜요. 어떻게 하면 좋을까요?
Your feet are really smelly, but you have no sense of smell, so when someone asks, you blame anything and everything around you for the foul odor. What should you do about it?

313 술래가 도저히 찾을 수 없는 숨바꼭질에 대해 써 보세요.
Write about a game of hide-and-seek that has gotten out of hand.

314 여러분은 정체를 알 수 없는 부드럽고 물컹한 물질로 덮여 있는 먼 행성으로 여행을 떠났어요. 이 행성을 구성하는 물질을 어떻게 알아낼 건가요? 이 행성에는 어떤 생명체가 살고 있나요?

You've traveled to a distant planet covered in something soft and squishy that is hard to identify. What methods do you use to identify the material this planet is made up of? What are the inhabitants of this planet like?

315 새로운 악수법을 개발해 보세요. 이 악수는 어떻게 하는 것인지, 누가 할 수 있고, 언제 할 수 있는지에 대해 안내하는 글을 써 보세요.

Invent a new handshake and write instructions for how to do it, who can use it, and when it is used.

316 새로운 언어를 만들고, 이 언어를 사용하는 사람과 만날 여행자들에게 가장 흔히 쓰는 어구를 알려 주세요.

Make up a new language and share the most commonly used phrases for travelers who encounter speakers of this new language.

317 여러분은 딸을 데리러 교장실에 가고 있는 어머니예요. 지금 심정은 어떤가요? 딸은 왜 교장실에 가 있을까요?

You're a mother who's on her way to pick up her daughter from the principal's office. How do you feel now? Why is her daughter to the principal's office?

318 여러분이 처음 학교에 갔던 때를 묘사해 보세요.

Describe the first time you went to school.

319 여러분이 가장 두려워하는 일을 해야 한다면, 그 일은 무엇인가요?

If you had to do the thing you were most afraid of, what would it be?

320 만일 여러분에게 다른 사람들의 소원을 들어줄 힘이 있다면 누구를, 언제 도와줄 건가요? 누구를 도와줄지 어떻게 결정할 건가요?

What if you had the power to grant wishes to other people? How would you decide whom to help and when?

321 여러분은 어떤 책이나 텔레비전 속 이야기에 들어가고 싶은가요? 어떤 역할을 하고 싶나요?

What story from television or books would you most like to enter? What character would you play?

322 여러분은 컴퓨터 속으로 들어와 버렸어요. 어떻게 빠져나올 건가요?

You have been transported inside your computer. How do you get out?

323 여러분은 남은 생애를 보낼 무인도로 갈 예정이에요. 단 한 권의 책만 가지고 갈 수 있다면, 어떤 책을 선택할 건가요? 그 이유는 무엇인가요?

You are going to a desert island where you will spend the rest of your days, and you can bring only one book. Which one will you choose? Why?

324 아이가 된다는 것에 대한 잡지를 만들어 보세요. 잡지 이름은 무엇이라고 지을 건가요? 토픽으로는 어떤 주제를 다루고 싶나요?

Create a magazine about being a kid. What would it be called? What topics would you cover?

325 여러분이 아는 사람 중에 나이가 가장 어린 사람을 묘사해 보세요. 그의 하루에 대해 이야기해 보세요.
Describe the youngest person you know, and list their daily activities.

326 여러분이 아는 사람 중에 가장 나아가 많은 사람에 대해 이야기하고, 일상에 대해서 묘사해 보세요.
Tell us about the oldest person you know, and describe their day-to-day life.

327 여러분이 가장 좋아하는 친척을 소개해 보세요. 그는 어떻게 생겼고, 목소리는 어떤가요? 그의 성격 중 가장 좋은 점은 무엇인가요? 자세히 묘사해 보세요.

Describe your favorite relative. What do they look and sound like? What are their best qualities? Describe in detail.

328 여러분이 꿈꾸는 나무 위의 오두막을 묘사해 보세요.

Describe your dream tree house.

329 여러분의 책상 위에 있는 무생물(램프, 연필, 지우개 등등)을 하나 고르고, 그에게 감사 노트를 써 보세요.

Pick an inanimate object on your desk (a lamp, a pencil, an eraser, etc.) and write a thank-you note to it.

330 여러분의 가장 친한 친구를 인터뷰하고 모든 질문에 대한 친구의 대답을 기록해 보세요.
Interview your best friend and record their answers to all your questions.

331 목성인인 여러분은 지구를 방문했어요. 지구에서 슈퍼마켓을 다녀온 경험을 여러분의 고향에 보고하세요. 되도록 세세하게 묘사하세요. 그리고 이 모든 경험은 여러분에게 완전히 새롭고 이상하다는 것을 기억하세요.

You are from Jupiter and visiting Earth. Report back to your home planet about a trip to a supermarket on Earth. Use as much detail as possible, and remember: everything is completely new and bizarre to you.

332 여러분이 기억하는 꿈을 묘사해 보세요.
Describe a dream you remember.

333 꿈을 떠올리려고 했던 노력을 이야기해 보세요.
Describe trying to remember a dream.

334 초등학생이 된다는 것이 무엇을 의미하는지 누군가가 내게 알려줬으면 좋았을 것이라고 생각되는 점은 무엇인가요?

What is something that you wish someone had told you about being a schoolchild?

335 이 세상 모든 스마트폰에 팔다리가 솟아서 달아난다고 상상해 보세요. 그들은 사람들과 친하게 굴까요? 그들만의 사회를 만들까요?

Imagine that every smartphone on earth sprouted arms and legs and ran away. Would they be friendly? Would they form their own society?

336 고소공포증이 있는 새에 대해서 시를 써 보세요.

Write a poem about a bird that is afraid of heights.

337 여러분이 재미를 위해서 하는 일은 무엇인가요?

What do you do for fun?

338 여러분이 모욕을 당했던 순간을 생각해 보세요. 창피하다고 느낀 원인을 설명하지 말고, 그 느낌, 냄새, 소리, 경험에 대해 써 보세요.

Think of a moment when you were humiliated. Write about the feelings, the smells, the sounds, and the experience without explaining the cause of your embarrassment. Use as much detail as possible.

339 유머 감각을 잃어버린 광대 이야기를 써 보세요. 그가 유머감각을 잃어버린 이유는 무엇인가요? 이 감각을 되찾기 위해 그는 무엇을 해야 할까요?

Write a story about a clown who loses his sense of humor. What makes him lose it? What must he do to get it back?

340 여러분이 생각하는 꿈의 콘서트에 대해서 평을 써 보세요. 어떤 밴드가 공연을 했나요? 어떤 노래를 연주했나요? 공연 장소는 어디인가요? 그들은 군중들 사이로 뛰어들었나요?

Write a review of your dream concert. Which bands play? Which songs do they play? At what venue? Do they crowd-surf?

341 여러분이 할머니 집에서 저녁을 먹고 있는데 갑자기 접시 위에 놓인 음식이 살아 숨쉬기 시작했어요. 오직 여러분만 이 사실을 알아차렸어요. 여러분은 무엇을 할 건가요?

You are eating dinner at your grandma's house, when suddenly, the food on your plate comes to life. Only you notice. What do you do?

342 여러분이 용을 죽이려고 떠나는 길에 책이나 영화 속에 등장한 인물을 한 명 데리고 갈 수 있어요. 누구를 데리고 갈 건가요? 여러분과 그 등장인물 사이의 대화를 써 보세요.

You are setting off on a journey to slay a dragon and can bring one character from a book or film with you. Whom do you bring? Write the dialogue between you and the character.

343 너구리의 시선으로 이야기를 써 보세요. 밤에 도시는 어떠한가요? 여러분은 왜 쓰레기통을 쓰러뜨리나요? 여러분은 다른 너구리들과 사이좋게 지내나요?

Write a story from the point of view of a raccoon. What is the city like at night? Why do you knock over trash cans? Do you get along with the other raccoons?

344 여러분은 푸드 트럭을 시작하려고 해요. 먼저 계획이 필요해요. 여러분의 사업 전략을 써 보세요. 어떤 종류의 음식을 내놓을 것이며, 여러분의 트럭은 어떤 모양인가요? 메뉴에는 무엇이 있나요? 트럭 이름은 무엇인가요?

You are going to start a food truck but need a plan first. Write out your business strategy. What kind of food will you serve? What will your truck look like? What will be on your menu? What will be your food truck's name?

345 여러분 이름의 첫 글자로 시작하는 단어를 되도록 많이 사용해서 시를 써 보세요.

Write a poem that uses as many words that begin with the first letter of your name as possible.

346 종이비행기가 여러분 방의 절반을 차지하고 있다면 여러분은 어떻게 할 건가요?

The paper airplane took up half of the room... What do you do?

347 여러분이 월요일에 등교했는데, 선생님 대신 로봇이 수업하는 것을 발견했어요. 그날 무슨 일이 생길까요?

You come to school one Monday and find that a robot is leading your class instead of your teacher. What happens?

348 여러분 나이였을 때의 부모님께 말을 할 수 있다면, 어떤 이야기를 할 건가요?

If you could talk to your parents when they were your age, what would you say?

349 하루의 식사 중 가장 훌륭한 것은 어떤 것인가요?

What is the best meal of the day?

350 여러분은 세계 일주를 함께할 팀을 꾸리고 있어요. 여러분이 선장이고, 여러분의 오른팔이 될 1등 항해사, 선상에서 해야 할 일을 처리하는 갑판장, 배에서 대포를 다루는 포병, 선상을 수리를 하는 목수, 음식을 만드는 요리사, 뱃노래를 지휘할 음악가가 필요해요. 여러분이 아는 사람이나, 가상의 인물, 연예인 중에서 각 역할에 맞는 사람을 뽑으세요. 그리고 왜 그 사람들이 그 직책에 적임자인지 간단한 설명도 덧붙여 보세요.

You are putting together a crew to sail around the world. You're the captain and need a first mate (your right-hand), a boatswain (to make sure jobs on the ship get done), a gunner (running the guns on the boat), a carpenter (to do repairs on board), a cook (to make the food), and a musician (to lead sea shanties). Write your choice for each position (either people you know, fictional characters, or celebrities) as well as a brief explanation of why each is the right choice for the job.

351 여러분은 뒷마당에서 땅을 파다가 고대 서적을 발견했어요. 먼지를 털어내고 첫 페이지를 열어 봤어요. 어떤 글자로 무슨 이야기가 기록되어 있을까요?
You are digging a hole in your backyard and find an ancient book. You clean off the cover and open to the first page.

352 여러분이 가장 좋아하는 노래에 대한 시를 써 보세요. 가사에만 내용을 국한시키지 말고, 소리, 노래가 영향을 미치는 방식, 그 음악의 에너지 등등 가사 이상의 것을 담으려고 노력해 보세요.
Write a poem about your favorite song. Try to capture more than just the lyrics; focus on the sounds, the way it affects you, and the energy of the music.

353 여러분이 가장 좋아하는 배우, 운동선수, 음악가가 완전히 다른 직업군에서 일한다고 상상해 보세요. 전혀 다르게 살고 있는 그들의 하루를 써 보세요.
Imagine that your favorite actor, athlete, or musician worked in a completely different profession. Write a day in their alternate life.

354 유령 이야기를 써 보세요. 할 수 있는 한 최대한 긴박감을 끌어내기 위해 전개 속도와 타이밍에 집중하세요. 폭풍우가 몰아치는 어두운 밤에 여러분의 이야기를 듣는 사람이 무서움을 느낄 수 있도록 그 이야기를 큰 소리로 읽어 보세요.

Write a ghost story. Focus on pacing and dramatic timing to build as much tension as you can. Read the story aloud as you write to make sure it will be scary to hear on a dark and stormy night!

355 스톱워치를 5분으로 설정하세요. 타이머의 시작 버튼을 누른 후 시간이 다 될 때까지 마음속에 떠오르는 모든 것을 적어 보세요. 되도록 내용을 걸러 내지 말고 모든 생각을 종이 위에 써 보세요.

Set a stopwatch for five minutes. Start the timer and then write down every single thing that comes to mind until the time runs out. Try your best to turn off your filter and put every thought you have onto paper.

356 여러분은 역겨운 채소를 팔려고 해요. TV 광고를 작성해서 사람들이 그것을 먹고 싶어서 안달나게 만들어 보세요. 시청자가 듣게 될 대화와 보게 될 행동을 모두 써 보세요.

You must try to sell a disgusting vegetable. Write a television commercial to get people excited to try it. Make sure to write both the dialogue that the viewer will hear and the action that the viewer will see.

357 여러분은 슈퍼히어로의 동생이에요. 여러분은 그저 평범한 아이이고, 여러분의 형(또는 오빠)은 자동차를 들고, 날고, 벽돌로 된 벽을 뚫을 수도 있어요. 그의 슈퍼파워를 알게 된 그 날의 일기 도입부를 써 보세요. 여러분은 신이 나나요? 긴장되나요? 샘이 나나요?

You are a superhero's little brother or sister. You are just an average kid, but your older sibling can lift cars, fly, and break through brick walls. Write a diary entry about the day you learn of your sibling's superpowers. Are you excited? Nervous? Jealous?

358 여러분의 이름이 어떻게 지어졌는지 알고 있나요? 부모님을 인터뷰해서 실제 사연을 알아내거나 가상의 이야기를 만들어 보세요.

Write the story of how you got your name. Either interview your parents to find the true story or write an imaginary story.

---

359 여러분은 건물 사잇길로 걸어가다가 오래된 안경을 발견했어요. 그것을 닦아서 쓴 순간 여러분은 갑자기 과거를 볼 수 있게 되었어요. 무엇이 보이나요?

You are walking through an alleyway and find a pair of ancient eyeglasses. You clean them and try them on, and suddenly you can see back in time. What do you see?

---

360 여러분이 할아버지나 할머니 중 한 명이 되었다고 상상해 보세요. 그 분의 어조로 일기를 써 보세요. 여러분은 오늘 무엇을 했나요? 무슨 생각을 했나요? 여러분에게 중요한 것은 무엇인가요?

Imagine that you are one of your grandparents. Write a journal entry in their voice. What did you do today? What did you think about? What is important to you?

361 노래 속 등장인물에 대한 이야기를 써 보세요.

Write about a character from a song.

362 여러분의 개가 달나라로 가는 무료 여행권을 획득했어요. 개를 위해서 무엇을 싸 줄 건가요?

Your dog has won a free trip to the moon. What do you pack for him?

363 무엇이든 여러분이 가진 것을 골라서 그것을 팔기 위한 신문 광고를 써 보세요.

Write a newspaper ad to sell anything you want.

364 여러분의 침실에 바다 괴물이 살고 있어요. 어떻게 이런 일이 일어났을까요?

There is a sea monster in your bedroom. Why?

365 여러분이 좋아하는 장난감이 말을 하고 걸을 수 있다면, 둘이서 무슨 이야기를 나눌 건가요? 함께 무엇을 할 건가요?

If your favorite toy could talk and walk, what would you talk about together? What would you do together?

366 여러분에게 중요했던 대화를 돌이켜 보고, 이것을 이야기의 한 장면처럼 써 보세요. 사람들이 말한 내용 이외에도 배경, 대화의 어조, 각 등장인물의 반응에 대한 세부 내용을 반드시 묘사해야 해요.

Think back on a conversation that was very important to you and write it out as a scene in a story. Besides including what each person says, make sure to use details to describe the setting, the tone of the dialogue, and the reaction of each character.

367 여러분의 고향과 그곳 주민을 처음으로 발견한 탐험가가 여러분이라고 상상해 보세요. 지형, 주민들의 습관, 새 장소의 위험성에 대해 보고서를 써 보세요.

Imagine that you are the first explorer to discover your hometown and its current inhabitants. Write a report about the lay of the land, the people's habits, and the dangers of this new place.

368 여러분이 직접 참가했거나, 관람했던 스포츠 경기에 대한 기사를 써 보세요. 최대한 뉴스 기사처럼 써 보세요. 경기의 하이라이트는 무엇이었나요? 누구를 인터뷰할 건가요? 기사를 쓰려면 어떤 배경지식이 필요할까요?

Write an article about a sporting event, either one you played in or one you watched. Try to make it as much like a newspaper article as possible. What are the important events? Who would be interviewed? What background information is needed?

369 영화 줄거리를 생각해 보세요. 영화 제작자에게 이 영화를 홍보하는 한 페이지짜리 요약본을 써 보세요. 반드시 등장인물, 배경, 이야기를 쓰되 제작자가 더 궁금해 하도록 결말은 써 넣지 마세요.

Think up a plot for a movie. Write a one-page summary that you could pitch to a producer. Make sure to tell about the characters, the setting, and the story, but leave the ending out of the pitch to keep the producer wanting more.

370 이 세상에서 누가 되었든 한 사람에게 시간 제한 없이 계속 이야기할 수 있다면, 그 사람은 누가 될 것이고, 무슨 내용을 이야기할 건가요?

If you could talk for an unlimited time to anyone in the world, who would it be, and what would you talk about?

371 마녀가 여러분을 말하는 쿠키로 만들어 버렸어요. 인간의 모습을 되찾기 위해서 여러분은 무엇을 할 건가요?

A witch transforms you into a talking cookie. What do you do to get your human form back?

372 김 여사는 토끼 14마리와 같이 큰 맨션에 살고 있는 노부인이에요. 매일 아침 그녀는 20개의 파이를 구워요. 이 파이는 마법의 힘이 있어요. 이 맨션에서 무슨 일이 일어날까요?

Mrs. Kim is an old woman living in a large mansion with 14 rabbits. Every morning she bakes 20 pies. These pies have magical properties. What happens?

373 평생 동안 한 가지만 먹을 수 있다면, 여러분은 무엇을 선택할 건가요?
If you could eat only one thing your whole life, what would it be?

374 여러분이 가장 좋아하는 밴드나 가수와 하루 종일 시간을 보낼 수 있게 되었어요. 함께 무엇을 할 것인지 써 보세요.
You get to spend a whole day with your favorite band/singer. Describe what you all do together.

375 여러분은 새 만화영화를 만든 감독이에요. 이 영화는 무엇에 관한 걸까요?
You are the director of a new animated film. What is the film about?

376 여러분이 매우 불편하다고 느꼈던 경험이 있나요? 그때 상황을 묘사해 보세요.
Describe a situation where you feel very uncomfortable.

377 '무당벌레가 점을 갖게 된 사연'을 제목으로 이야기를 써 보세요.
Write a story with the title 'How Ladybugs Got Their Dots'.

378 지구의 중심을 향해 여행을 떠나기로 결심한 햄스터 두 마리의 이야기를 써 보세요.
Write about two hamsters that decide to go on a journey to the center of the Earth.

379 여러분은 이 세상의 왕이 되었어요. 더 나은 세상을 만들기 위해서 어떤 변화가 필요하다고 생각하나요?
You become the king of the world. What things do you change to make the world a better place?

380 도넛을 둘러싸고 한바탕 소동이 일어날 거예요. 여러분은 그 소동에 대비하기 위해 무엇을 할 건가요?
The doughnut apocalypse is coming soon. What do you do to get ready?

381 한 과학자가 세계를 지배할 사악한 계획을 가지고 있어요. 여러분은 그를 막을 수 있는 유일한 사람이에요. 어떻게 그를 막을 건가요?

A scientist has an evil plan to conquer the world. You are the only one who can stop him.

382 악당 두 명이 집을 털다가 무시무시한 소리를 듣고서, 하던 일을 멈추고 현장을 탈출했어요. 그 소리는 시끄럽게 울어대던 반려동물인 앵무새 소리였어요. 이 이야기를 완성해 보세요.

Two villains start robbing a house, but are stopped by a scary sound and flee the scene. The sound turns out to be the pet parrot, making noises. Tell this story. Please complete the story.

383 가지고 있는 장난감을 전부 꺼내서 여러분의 방에 배치해 보세요. 자, 어떻게 해서 그들이 전부 그곳에 모이게 되었으며, 거기서 무엇을 하고 있는지 이야기를 써 보세요. 장난감들의 다양한 성격을 설명하는 것도 잊지 마세요.

Take out every toy you own and set them up in your room. Now, write a story of how they all wound up there and what they're doing. Remember to account for the variety of characters.

384 여러분은 나무그늘 아래 누워 있었어요. 새 한 마리가 날아가면서 단어 20개가 쓰인 종이를 무릎 위에 떨어뜨렸어요. 거기에 무엇이라고 적혀 있을까요?

You are lying under a shady tree. A bird drops a piece of paper in your lap containing 20 words. What is the message?

385 여러분이 식당을 개업한다고 상상해 보세요. 식당에 이름을 지어 보세요. 그곳에서는 어떤 음식을 먹을 수 있나요?

Imagine you open your own restaurant. Give it a name. What kind of food is served?

386 자주색의 말하는 염소 세 마리가 여러분 집 앞에서 야외 식사를 즐기고 있어요. 그들은 여러분에게 이곳에 처음 왔으니 무엇을 할지 계획을 세우는 데 도움을 달라고 부탁했어요. 어떻게 도와줄 건가요?

Three talking purple goats are having a picnic in front of your house. They ask you to help them plan some activities since they're new to the area. how do you help?

387 여러분은 금으로 만든 램프 대신 은색의 싸구려 손전등을 발견했어요. 버튼을 누른 순간 작은 지니(아랍 신화에 나오는 램프의 요정)가 등장했어요. 지니는 "여러분에게 원상태로 되돌릴 수 있는 세 가지 소원을 들어주겠어요. 어떤 것을 원상태로 되돌리고 싶은가요?"라고 물었어요. 뭐라고 답할 건가요?

Instead of a golden lamp, you find a cheap silver-colored flashlight. When you press the button, a small genie appears. "You get three wishes that undo things. What will you undo?" he asks.

388 여러분은 파티에서 오렌지색 펀치 음료를 마시고 있었어요. 그 음료는 혀를 따끔거리게 만들더니, 남은 하루 동안 여러분이 거짓말은커녕, 거짓이 약간 섞인 말도 할 수 없게 만들었어요. 이 날은 어떻게 지나갈까요?

At a party, you take a sip of the orange-colored punch. It tickles your tongue, and for the rest of the day you cannot speak any lies or halftruths. How does this day go?

389 어느 날, 세상에서 가장 작은 생명체가 가장 거대해지기 위해서 열심히 노력하기로 결심했어요. 그 노력으로 생명체는 거대해졌어요! 어떻게 이런 일이 벌어졌을까요?

One day, the smallest creature in the world decided to try extra-hard to become the biggest, and it worked! How did it happen?

390 얼음이 뜨겁고, 꽃은 가시투성이인 다른 우주의 환경을 묘사해 보세요.

Describe the setting of a different universe, where ice is hot and flowers are prickly.

391 반은 인간이고, 반은 집의 모습을 한 누군가에 관해 시를 써 보세요.

Write a poem about somebody who is half human and half house.

392 발 크기가 보통 사람의 여섯 배인 사람의 이름은 무엇일까요?

What is the name of a person who has feet that are six times too big?

393 여러분에게 물은 독이나 마찬가지예요. 물을 피해야 하는 여러분의 생활이 어떨지 써 보세요.
For you, water is poison! Write about what life is like, avoiding water.

394 어느 날, 곰과 지렁이 모양의 젤리들이 생명을 얻었어요! 그들은 여러분에게 무언가 기대하는 눈길을 보냈어요. 여러분은 이제 그들을 먹을 수 없게 되었어요. 그들과 함께하는 여러분의 모험을 써 보세요.

One day, all your gummy bears and gummy worms come alive! They look at you expectantly. You can't eat them now. Write about your adventures together.

395 서점에 가서 빨간색 책등을 가진 책을 집어 들고 42쪽을 펴 보세요. 첫 번째 단어는 무엇인가요? 바로 이 단어가 여러분이 쓸 첫 번째 단어예요. 시작해 보세요!

Go to a bookshelf and pick out a book that has a red spine. Flip to page 42. What's the first word? That's your first word, too. Go!

396 과학자들은 생명체가 있을지도 모르는 새로운 행성을 발견했어요. 우주선이 매우 작고, 여행이 평생이 걸릴지도 모르기 때문에 과학자들은 어린이가 우주선을 조종해야 한다고 주장하고 있어요. 여러분이 그 일에 지원해서 뽑혔어요. 여러분은 그 우주 여행에서 어떤 경험을 하게 될까요?

Scientists discovered a new planet that may hold life-forms, and they require a kid to take the helm of the spaceship because it's a really small ship, and because the journey could take a lifetime. You apply for the job and are accepted.

397 여러분은 뒷마당에 토마토 하나와 치즈를 조금 떨어뜨렸는데, 바로 그 자리에 피자 나무가 솟아올랐어요. 다음에 어떤 일이 벌어질까요?

You drop a tomato and some cheese in your backyard, and where they landed a pizza tree sprouts. What happens next?

398 여러분에게 봉이라는 이름의 닭을 반려동물로 기르고 있어요. 봉이는 하루하루를 어떻게 보내는지를 써 보세요.

You have a pet chicken named Bongi. Write about Bongi's day-to-day life.

399 여러분은 이상한 능력을 가지고 태어났어요. 여러분은 코코넛, 오렌지, 수박과 같은 둥근 과일을 특별한 능력만으로 쪼갤 수 있어요. 여러분의 하루는 어떨까요?

You were born with a strange ability. You can crack open coconuts, oranges, watermelons, and other round fruit using just your mind. What's a day in your life like?

400 머리카락이 있어야 할 자리에 파스타가 가닥가닥 나 있다고 상상해 보세요.
Instead of hair, you have pasta.

401 여러분은 뜨거운 용암에 둘러싸여 있어요! 다음에 무슨 일이 일어날 것 같은가요?
You are surrounded by hot lava! What happens next?

402 여러분이 하루 동안 다른 누군가가 될 수 있다면, 누가 되고 싶나요? 그 이유는 무엇인가요?
If you could be anyone for a day, who would you be? Why?

403 여러분과 마주친 벌레가 간 길을 따라가 보세요. 그 벌레는 무엇을 하려고 하나요? 어디로 가고 있나요? 그것은 무엇에 대해 생각하고 있는 듯한가요?
Track the path of the bug you meet. What is it up to? Where is it going? What do you think it is thinking about?

404 어느 날, 여러분은 어떤 언어든지 유창하게 구사할 수 있게 만드는 목걸이를 구입했어요. 그 목걸이를 착용한 순간 무슨 일들이 일어날까요?

One day you buy a necklace that you discover makes you fluent in any language. What happens next?

405 주머니 안감의 보푸라기와 동전 그리고 여러분이 선택한 비밀의 물건을 이용한 새로운 놀이를 만들어 보세요.

Make up a new game involving pocket lint, pennies, and a mystery object of your choosing.

406 새로운 의사소통 방법을 개발해 보세요. 그 방법의 주요 특징을 살려 현재의 의사소통 방법보다 개선된 것인지, 그렇지 않은지를 설명해 보세요.

Invent a new form of communication. Describe its major features and whether this is an improvement or not over our current methods of communicating.

407 여러분은 공중을 나는 자동차가 있어요. 여러분이 겪은 모험(또는 사고)에 대해서 써 보세요.

You have a car that can drive in the air. Write about your (mis)adventures.

408 새로운 기념일을 지정하고, 무슨 날인지 이름도 정하고, 그날 이루어지는 의식과 축제에 대해서 묘사해 보세요.

Invent a new holiday and describe the rituals and festivities that are celebrated on that day.

409 가로등, 곰 한 마리, 꿀단지를 들고 있는 한 명의 어린이가 나오는 이야기를 써 보세요.
Write a story that includes a streetlight, a bear, and a kid with a jar of honey.

410 뒷마당의 불빛이 점점 밝아지더니 번쩍번쩍해요. 왜 불빛이 이렇게 번쩍일까요? 여러분은 어디에 있으며, 이런 상황이 여러분에게 어떤 영향을 미치나요?

A light in your backyard gets brighter and brighter, until... Flash! Flash! Flash! What causes these flashes? Where are you, and how do they affect you?

411 여러분이 가장 존경하는 사람에 대해 이야기해 보세요. 그 사람을 존경하는 이유는 무엇인가요? 그 사람처럼 되고 싶은가요?

Tell us about the person you admire most. Why do you admire him or her? Would you like to be like this person?

412 어느 날 여러분은 티라노사우루스 렉스가 길에 앉아서 작은 손으로 큰 머리를 감싼 채 울고 있는 모습을 발견했어요. 여러분은 다음에 무슨 일을 할 건가요?
One day you find a Tyrannosaurus rex sitting on the sidewalk with his big head in his small hands, crying. What do you do next?

413 여러분이 이 세상에 존재하지 않았던 새로운 형태의 교통수단을 발명한다면 어떤 것이 있을까요?
If you could invent a new form of transportation – one the world has never seen – what would it be?

414 여러분은 반려동물로 돼지를 기르는데, 어느 날 둘이 함께 모험을 떠났어요. 그날 어떤 일을 겪었나요?
Pretend you have a pet pig and describe an adventure you go on together. What happens next?

415 여러분 자신에게 정말 길고, 과장되고, 지나치다 싶게 느껴지는 칭찬을 해 보세요.
Give yourself a compliment, a really long, over-the-top, verging-on-too-much compliment.

416 여러분이 새로운 기술을 즉시 발전시킬 수 있다면, 그 기술은 무엇일까요?
If you could develop a new skill instantly, what would it be?

417 여러분의 하루를 묘사해 보세요.
Describe a daily routine.

418 해저를 여행할 수 있다면 어디를 가고 싶은가요?
If you could travel anywhere under the sea, where would you go?

419 다른 나라에 있는 상상의 펜팔 친구에게 편지를 써 보세요. 그 펜팔 친구는 어디 출신인가요? 여러분은 펜팔의 생활에 대해 무엇을 알고 싶은가요?

Write a letter to an imaginary pen pal in another country. Where is your pen pal from? What do you want to know about your pen pal's life?

420 우리 태양계는 우주에 있는 수많은 은하들 중 하나에 불과해요. 실제 또는 가상의 다른 은하 이름을 쓰고, 그곳에 있는 별과 각 별의 기후를 묘사해 보세요.

The Milky Way is only one of many galaxies in the universe. Name another galaxy (real or imaginary) and describe the planets that exist in this galaxy and the climates of each of them.

421 아이스크림 섬 사람들에게 새로운 아이스크림 맛이 간절히 필요해요. 그들을 위해서 하나 또는 그 이상의 새로운 아이스크림 맛을 개발해 보세요.

The people of Ice Cream Island are desperately in need of new ice cream flavors. Please invent one (or more!) for them.

422 모든 것이 거꾸로 뒤집힌 세상을 창조해 보세요. 사람들은 어떻게 살아가나요? 그들은 컵으로 물을 마실 수 있을까요?

Invent a world where everything is upside down. How do people manage? Can they even drink out of glasses?

423 누군가가 여러분을 기분 좋게 놀라게 만들었던 때를 묘사해 보세요. 무슨 일이었나요?
Describe a time when someone surprised you in a good way. What was the occasion?

424 여러분은 원하는 것을 무엇이든 할 수 있지만, 늘 그 일만 해야 한다면 무슨 일을 할 건가요?
If you could do anything you want, but you had to do it all the time, what would it be?

425 여러분이 생각했을 때 다음에 개발해야 할 발명품은 무엇인가요?
What inventions do you think we should come up with next?

426 여러분은 사람들이 더 생각했으면 좋겠다고 바라는 것은 무엇인가요?
What do you wish more people thought about?

427 아기들은 무슨 꿈을 꿀까요?
What do babies dream about?

428 여름에 하는 일 중 여러분이 가장 좋아하는 것은 무엇인가요?
What are your favorite things to do during summer?

429 여러분이 소유한 물건 중 가장 소중한 것은 무엇인가요?
What is the most valuable thing you own?

430 여러분이 정크 푸드 중 무엇이든 될 수 있다면, 무엇이 되고 싶나요? 그 이유는 무엇인가요? 누가 정크 푸드로 변한 여러분의 친구가 되어 줄까요? 어떻게 하면 배고픈 사람들에게 먹히지 않고 살아남을 수 있을까요?

If you could be any kind of junk food, which would you be, and why? Who would your junk food friends be? How would you defend yourself from being eaten by hungry humans?

431 친구를 사귀는 새로운 방법을 만들어 보세요. 그것은 쉬운가요, 어려운가요? 다른 사람들도 그 방법을 좋아할까요, 아니면 여러분만의 비법인가요?

Create a new way of making friends. Would it be easy or hard? Would other people like to do it, or would it be your secret method?

432 여러분이 가장 좋아하는 물건들로 구성된 타임캡슐을 만든다면 어떤 것을 넣을 건가요? 그 이유는 무엇인가요?

If you were to build a time capsule of all of your favorite things, what would you put in it, and why?

433 여러분이 마음을 읽을 수 있다면, 다른 사람에 대해 알아낼 수 있는 것은 무엇이라고 생각하나요?

If you could mind read, what do you think you would learn about other people?

434 눈을 감아 보세요. 무엇이 떠오르나요?

Close your eyes. What comes?

435 유치원 첫 날, 여러분은 머리도 좋은 데다가 진짜 열심히 공부해서 그날 오후 바로 고등학교를 졸업하게 되었어요. 남은 어린 시절 동안 무엇을 할 건가요?

On your first day of preschool, you study really hard and end up graduating high school by the afternoon. What do you do with the remainder of your childhood years?

436 여러분이 가족이나 친구를 위해 무언가를 지을 수 있다면, 어떤 것을 짓을 건가요?
If you could build something for your family or friends, what would you build?

437 여러분이 정말로 제일 하기 싫어하는 것을 묘사해 보세요. 왜 그것이 그렇게도 끔찍한가요?
Describe your absolute least favorite thing to do. Why is it so terrible?

438 여러분이 가질 수 있는 가장 멋진 직업이 무엇이라고 생각하나요?
What do you think is the coolest job you could possibly have?

439 여러분은 큰돈이 생겼지만 여러분 자신을 위해서는 쓸 수 없어요. 이 돈을 누구를 위해 어떻게 쓸 건가요?

You win a huge amount of money, but you must not spend the money on yourself. How do you spend the money?

440 지금 여러분 가방 속에는 무엇이 들어 있나요?
What are you carrying in your bag right now?

441 여러분은 숙제를 하기 싫을 때 무엇을 하나요?
What do you do when you don't want to do your homework?

442 이야기 속 등장인물이 될 수 있다면 누가 되고 싶은가요?
If you could be any fictional character, who would you be?

443 공룡 중 한 종류를 되살릴 수 있다면, 어떤 공룡을 되살릴 건가요?
If you could bring one kind of dinosaur back to life, which kind would it be?

444 여러분은 성인이 되었을 때 어떤 사람이 될 것 같은가요?
What do you think you'll be like when you're grown up?

445 여러분이 비누를 깎아서 코끼리 조각을 만들고 밤새 부엌에다 놓아두었어요. 다음 날 아침 코끼리 조각을 찾으러 갔더니 조각은 사라지고, 부서진 땅콩 껍데기들이 현관문으로 이어져 있어요. 무슨 일이 일어난 것일까요?
You carve an elephant out of soap and leave it in the kitchen overnight. When you return for it in the morning, it is gone, and there is a trail of broken peanut shells leading out the front door. What was happening?

446 "그는 팔도 다리도 없었지만, 용기가 뛰어났다."라는 말로 끝을 맺는 이야기를 써 보세요.
Write a story that ends with the line "He had neither arms nor legs, but he had a lot of bravery."

447 여러분과 친구는 로켓 우주선을 발견했어요. 무슨 일이 일어날까요?
You and a friend find a rocket ship. What happens?

448 낡은 신발에 대한 이야기를 써 보세요. 누구의 신발인가요? 어디서 왔나요?
Write a about old shoes. Who is shoes? Where is it from?

449 여러분은 다친 새끼 부엉이를 발견해서 집으로 데려왔어요. 여러분은 부엉이가 말을 할 수 있음을 알게 되었어요. 서로 무슨 이야기를 나눌 것 같은가요?
You find an injured baby owl, take it home with you, and discover it can talk. What do you say to each other?

450 여러분이 가장 좋아하는 음식에게 러브레터를 써 보세요.
Write a love letter to your favorite food.

451 오늘은 여러분에게 최고의 날이 될 거예요. 아침에 침대에서 내려올 때부터 밤에 잠자리로 되돌아갈 때까지 무슨 일이 일어날까요?
Today is going to be the best day of your life. What happens from the moment you get out of bed to the moment you go back to sleep at night?

452 지금 돈이 조금밖에 없어요.
It's only a little money.

453 공원에 나가 봐요. 거기서 무엇을 봤나요?
Let's go to the park. What do you see there?

454 그것은 여러분이 태어나기 전부터 깨져 있었어요! 그것이 무엇이며 왜 깨져 있었을까요?
That was broken before I was even born! What is it? Why?

455 여러분은 어디에, 무엇을 남기고 왔나요?
You left what, where?

456 오래된 중고 파티 드레스가 추억하는 어느 하루에 대해서 써 보세요.
Write about a day in the life of an old, used prom dress.

457 여러분이 학교를 처음부터 다시 구상한다면 학교는 어떤 모습을 하고 있을까요? 어떤 수업이 열릴까요? 절대로 일어나지 않을 일은 무엇인가요? 선생님들은 어떤 사람들인가요? 교장 선생님은 어떤 사람인가요? 학교는 어떤 건물 안에 있나요?
What would a school look like if you designed it from scratch? What kind of classes would be offered? What would never happen? What would the teachers be like? What would the principal be like? What kind of building would this school be in?

부모님께 어린 시절이 어땠는지 여쭤 본 적이 있나요? 부모님이 여러분 나이였을 때 이야기를 써 보세요. 여기 질문의 예가 있어요.
Have you asked your parents about their childhood? Write a story about them when they were your age. Here are some questions to get you started with your interviews:

458 어떤 음식을 좋아했나요?
What did you like to eat?

459 어머니가 만들어 주셨던 음식 중 제일 좋아하는 음식은 무엇인가요?
What was the best dish your mom would make for you?

460 커서 무엇이 되고 싶었나요?
What did you want to be when you grew up?

461 가장 재미있었던 기억은 무엇인가요?
What is your funniest memory?

462 가장 친한 친구는 누구였나요?
Who were your closest friends?

463 친구들과 무엇을 하는 것을 좋아했나요?
What did you like to do with them?

464 말썽을 부렸던 때를 이야기해 주세요.
Tell me about a time you were naughty.

465 여러분이 작은 물고기라고 상상하고, 굶주린 상어에게 여러분을 잡아먹지 말라고 설득해 보세요.

Pretend you're a tiny fish. Convince a hungry shark not to eat you.

466 나무에 사는 한 남자가 있었어요. 그 남자는 나뭇잎 사이에 숨어 지내서 여러분은 그를 본 적이 없어요. 하루는 점심을 같이 먹자는 쪽지가 달린 사다리가 나무에서 내려왔어요. 어떤 일이 일어날까요?

There's a man who lives in a tree. You've never seen him because he's hidden by the leaves. One day, a ladder comes down with a note asking you to join him for lunch. What happens?

467 여러분은 감사의 쪽지를 쓰면 더 많은 선물과 친절을 누릴 수 있다는 것을 알고 있나요? 누군가 여러분에게 베푼 일을 떠올려 보세요. 이 페이지에 그 사람에게 감사의 마음을 담은 기분 좋은 메모를 남겨 보세요.

Did you know that when you write thank-you notes you are likely to get more gifts and kindness? Think of something someone has given you or done for you. On this page, write a nice note to the person.

468 여러분이 매일 등교할 때 레슬링 마스크를 쓰고 학교에 등교한다면, 그리고 레슬링 마스크를 쓰고 온 과학 선생님을 제외한 나머지는 이 사실을 모르고 있다면, 무슨 일이 일어날까요?

What would happen if you wore a wrestling mask every day to school – and no one noticed, except the science teacher, who was wearing a wrestling mask?

469 여러분은 부모님과 함께 쇼핑을 하러 나갔어요. 가게 중 한 군데에서 상품이 말을 하기 시작했어요. 상품들은 반란을 꾀하고 있었고, 여러분의 도움을 필요로 해요. 이곳은 어떤 가게이며, 그다음에 무슨 일이 일어날까요?

You're out shopping with your mom or dad. In one of the stores, the merchandise begins talking. The items are planning a rebellion and need your help. What kind of store is it, and what happens next?

470 여러분 혼자서 집에 있는데, 갑자기 초인종이 울렸어요. 문을 열고 보니 걸스카우트 유니폼을 입은 오소리 세 마리가 있었어요. 그들은 여러분에게 쿠키를 판매하려고 하지만 여러분은 이것이 속임수라는 것을 알고 있어요.

You're the only one home, when the doorbell rings. You open the door, and there are three badgers dressed in Girl Scout uniforms. They're trying to sell you cookies, but you know it's a trick.

471 여러분이 어떤 채소든지 될 수 있다면, 무슨 채소가 되고 싶은가요?

If you could be any vegetable, what would you be?

472 그냥 해 보세요.

Just try it.

473 여러분은 지독한 감기에 걸릴 거예요!

You'll catch your death!

474 여러분은 지금 가는 길이에요!

I'm on my way!

475 여러분의 생일날, 삼촌께서 설명서가 들어 있는 커다란 상자를 주셨어요. 상자에 들어가서 뚜껑을 닫으면, 여러분이 원하는 곳은 어디든 갈 수 있지만 돌아올 때는 한 가지 조건이 있어요. 그 조건은 현지의 토종 생물을 가지고 와야집으로 돌아올 수 있다는 것이에요.

For your birthday, your uncle gives you a large empty box with instructions. Once you climb in and close the lid, you will be transported wherever you want but with one condition: you may return home only if you bring back a creature that is native to that other land.

476 어느 날 여러분은 모든 감각이 뒤바뀌었다는 것을 알게 되었어요. 여러분은 소리의 냄새를 맡을 수 있고, 질감의 소리를 들을 수 있으며, 색을 맛볼 수 있어요. 이제 여러분 주변의 세상을 묘사해 보세요.

One day you realize all your senses are switched: you can smell sounds, hear textures, taste colors. Describe the world around you.

477 책 속의 등장인물을 한 명 고르세요. 이 등장인물이 가장 좋아하는 책은 어떤 것일까요? 가장 좋아하는 영화는 무엇일까요? 가장 좋아하는 명언은 어떤 것일까요?
Pick a character from a book. What are this character's favorite books? Favorite movies? Favorite quotes?

478 모닥불 옆에서 이야기할 수 있는 가장 무서운 단편 이야기를 써 보세요.
Write the scariest short story you could tell around a campfire.

479 여러분은 가장 멋진 옷차림을 하고 외출하려고 해요. 어떤 옷을 입고 나갈 건가요?
You are the most beautiful clothes and going to go out. What are you going to wear?

480 어느 날 밤, 여러분은 버려진 농가의 들판 한 가운데에 버려진 UFO를 발견했어요. 무슨 일이 벌어질까요?
Late one night, you discover an abandoned UFO in the middle of a field outside an abandoned farmhouse. What happens?

481 여러분은 강제로 포춘쿠키 공장에 갇혔어요. 탈출하기 위해서 포춘쿠키 쪽지에 무엇을 적을 건가요?
You're trapped in a fortune cookie factory, held against your will. What do you write on the fortunes in an attempt to save yourself?

482 여러분의 선생님을 웃게 만들 시를 한 편 써 보세요.

Write a poem that would make your teacher laugh.

483 유명한 악당의 '해야 할 일 목록'을 적어 보세요.

Write a 'to-do list' that a famous villain would use.

484 여러분 친구와 역사적 인물 사이의 대화를 상상해 적어 보세요.

Imagine a conversation between one of your friends and a historical figure.

485 은으로 된 그릇의 입장에서 대화를 써 보세요.

Write a conversation from the perspective of your silverware.

486 여러분 가족이 기르는 반려동물의 입장에서 휴일에 대해 써 보세요.
Write about a holiday from the perspective of the family pet.

487 파인애플의 시각에서 멋진 저녁 식사에 대해 써 보세요.
Write about a fancy dinner from the perspective of the pineapple.

488 동화 속 인물이 다른 등장인물에게 보내는 엽서를 써 보세요.
Write a postcard from one fairy tale character to another.

489 외계인의 침실을 묘사해 보세요. 그들에게 침실이 있을까요?
Describe an alien's bedroom. Do they even have bedrooms?

490 다음 단어를 이용해서 이야기를 꾸며 보세요. 샹들리에, 돼지, 왁자지껄한 상황.
Write a story using the following words: chandelier, pig, hubbub.

491 잡지책을 아무 데나 펼쳐 보세요. 눈에 들어오는 인물 사진 중 첫 번째 사진을 골라 보세요. 그 후 다시 펼쳐서 장소 사진을 찾으세요. 여러분이 찾은 그 사람이 그 장소에 있으면 무슨 일이 벌어질지 써 보세요.

Open a magazine at random, and find the first picture of a person you can. Now open it again, and find a picture of a place. Write about what would happen if that person were in that place.

492 여러분이 한 번도 가 본 적 없는, 멀리 떨어진 도시의 거리 아래에는 무엇이 있을지 상상해 보세요.
Imagine what's below the streets of a faraway city you've never been to.

493 여러분의 가장 오래된 기억을 써 보세요.
Write about your earliest memory.

494 여러분이 먹어 본 것 중 가장 끔찍한 것에 대해 써 보세요.
Write about the worst thing you've ever eaten.

495 모두가 사악하다고 생각하지만, 사실 그는 완벽한 샌드위치를 찾고 있을 뿐이에요. 그 인물에 대해 써 보세요.

Write about a character who everyone thinks is evil, but who is actually just on a quest for the perfect sandwich.

496 완벽하다고 생각하는 샌드위치를 묘사해 보세요.

Describe the perfect sandwich.

497 여러분은 아기예요. 우유를 먹은 후 트림을 할 수 있게 해 달라고 누군가를 설득해 보세요.

You are a baby. Persuade someone to burp you.

498 어느 날 왕이 여러분이 사는 집의 현관문 앞에 나타났어요. 무슨 일이 일어날까요?

The king shows up on your doorstep… What happens?

499 작은 아파트로 이사 간 큰 사슴의 이야기를 써 보세요.

Write about a moose that moves into a small apartment.

500 거대한 우편함으로 이사 간 사람의 이야기를 써 보세요.

Write about a person who moves into a giant's mailbox.

501 여러분이 오래 된 영화를 보고 있는데, 그 영화가 바로 여러분 자신의 이야기라는 것을 알게 되었어요. 영화가 무슨 내용인지 적어 보세요.

You watch an old movie and realize it's about you. Write the movie plot.

502 여러분이 이제까지 경험한 가장 재미있었던 방학에 대해서 써 보세요.
Write about the most fun vacation you've ever had.

503 여러분의 가족 구성원에 대해서 알고 있는 것을 모두 써 보세요.
Write down everything you know about one of your family members.

504 여러분이 보았던 여러분의 아기 적 사진을 떠올려 보세요. 그 사진이 찍힐 당시 여러분은 어떤 생각을 하고 있었을지 상상해 보세요.
Think of a picture you've seen of yourself as a baby. Write what you imagine you were thinking when that picture was taken.

---

505 인형의 집을 짓는 작은 인간 가족에 대한 이야기를 써 보세요.
Write about a family of tiny people who build dollhouses.

---

506 지금 공놀이를 할 좋은 장소를 찾고 있는 거인 가족에 대해서 써 보세요.
Write about a family of giants who are just trying to find a good place to play ball.

---

507 2000년 후 미래에 사는 사람들에게 물어 볼 만한 인터뷰 질문을 쭉 적은 후 답변을 달아 보세요.

Write a series of interview questions you would ask a person who lives 2,000 years in the future. Then answer them.

508 시리얼이 우유 그릇에서 둥둥 떠다닐 때 자기들끼리 어떤 대화를 나눌까 상상해 써 보세요.

Write about a conversation your cereal would have with itself while floating in a bowl of milk.

509 두 그루의 나무가 서로를 향해 고함을 지르고 있어요. 무슨 말이 오갈까요?

Two trees are yelling at each other.

510 모든 행이 물음표로 끝나는 시를 한 편 써 보세요.

Write a poem in which every line ends with a question mark.

511 한 늙은 부부가 여러분을 불러 멈춰 세우더니 여러분이 그 일에 적임자라고 말했어요. 그 일은 무엇일까요?

An old couple stops you in the street and says you'd be perfect for the job... What is it?

512 여러분이 이 책에 썼던 것들 중 하나를 베끼되, 의미가 달라지도록 문장 부호들을 바꿔 보세요.
Copy one of the things you've written in this book here, but change the punctuation so that its meaning changes.

513 이웃에 대해서 여러분이 알지 못하는 모든 것을 써 보세요.
Write down everything you don't know about your neighbors.

514 여러분의 첫 선생님께 편지를 써 보세요. 그리고 선생님께서 뭐라고 답장을 할지 생각해 보세요.

Write a letter to your first teacher. Then imagine what your teacher would write back.

515 행마다 음식으로 끝을 맺는 시 한 편을 써 보세요.
Write a poem in which every line ends with a food.

516 여러분이 5살 때 일어난 것으로 기억되는 모든 일을 써 보세요.
Write down everything you remember happening when you were five years old.

517 여러분의 침실 창밖에 보이는 것들이 시간대별로 어떻게 바뀌는지 자세하게 묘사해 보세요. (아침 7시, 정오, 오후 6시, 자정에)
Describe what you see when you look out your bedroom window (at 7:00 a.m., noon, 6:00 p.m., and at midnight).

518 신호 대기 중에 나란히 정지한 차 두 대가 대화를 나누고 있어요. 무슨 이야기를 주고받을까요?

A couple of cars next to each other at a stoplight are having a conversation. What are they talking?

519 놀이터에 사는 고슴도치와 흑멧돼지에 대한 이야기를 써 보세요.

Write a story about a hedgehog and a warthog that live in a playground.

520 두 명의 아이가 여러분을 마녀라고 오해하고, 여러분이 살고 있는 마늘빵 집을 먹기 시작했어요. 여러분은 어떻게 할 건가요?

There's been a mistake. Two children think that you are a witch, and they've begun eating the gingerbread house you live in. What do you do?

521 별안간 여러분은 거울 반대편 세계에 갇혔다는 것을 깨달았어요. 어떻게 그곳으로 가게 되었나요? 그곳에 있는 것은 어떠한가요? 그곳에 머물 건가요? 어떻게 다시 돌아올 건가요?

You suddenly find yourself on the other side of your mirror. How did you get there? What's it like? Will you stay? How will you get back?

522 여러분은 해야 할 일이 아무것도 없을 때 무엇을 하나요?

What do you do when you don't have to do anything?

523 여러분이 상대방 귀에 거슬리는 말을 해야 한다면, 어떻게 말을 할 건가요?

If you had to tell someone something they wouldn't want to hear, how would you do it?

524 여러분이 양치질을 하지 않았을 때 입에서 어떤 냄새가 나는지 묘사해 보세요.

Describe what your breath smells like when you don't brush your teeth.

525 토요일에는 무엇을 하면서 지내나요?

What do you do on a Saturday?

526 고래와 달팽이의 우정에 대한 이야기를 써 보세요. 반드시 그들에게 이름을 지어 주세요!
Write a story about a friendship between a whale and a snail. Be sure to name them!

527 여러분이 사랑하게 되어 유감이라고 생각하는 것에 대해 써 보세요.
Write about something you hate to love.

528 미아라는 이름의 소녀와 그녀의 주머니에서 살고 있는 쥐에 대한 이야기를 써 보세요.
Write a story about a girl named Mia and the mouse who lives in her pocket.

529 어느 날 일어나 보니 여러분의 몸이 작아진 것을 깨달았어요. 그날 있었던 일에 대해서 써 보세요. 걱정 마세요. 여러분의 몸은 내일 원래 크기로 돌아올 거예요.
Imagine you wake up one morning to find you are very tiny. Write about your day – don't worry, you'll be back to your normal size tomorrow.

530 다른 사람과 여러분이 다르다고 생각되는 점은 무엇인가요? 그 이유는 무엇인가요?
What makes you different from anyone else, and why?

531 여러분은 어머니를 더 닮았다고 생각하나요, 아버지를 더 닮았다고 생각하나요, 아니면 다른 친척을 닮았다고 생각하나요? 그 이유는 무엇이고, 어디가 어떻게 닮았나요?
Do you think you are more like your mother or your father or another relative? Why? How?

532 좋은 친구가 된다는 것이 여러분에게 무엇을 뜻하는지 써 보세요.
Describe what being a good friend means to you.

533 10개의 상징으로 여러분을 묘사해 보세요. 그것들이 의미하는 것은 무엇인가요?
Describe yourself in ten symbols. What do they mean?

534 여러분이 어떤 사람을 그 자신도 모르게 도와줬던 때의 이야기를 써 보세요.
Write about a time you helped someone without them knowing.

535 여러분은 어디서 태어났나요? 상상력을 발휘해서 여러분이 태어난 날에 대해서 묘사해 보세요.
Where were you born? Using your imagination, describe the day you were born.

536 무엇이 여러분을 슬프게 하나요?
What makes you sad?

537 여러분은 사람들을 격려하기 위해서 무엇을 하나요?
What do you do to cheer people up?

538 여러분의 생활이 한 편의 영화라면, 영화가 어떻게 전개되기를 바라나요?
If your life were a movie, how would you like it to play out?

539 다섯 개의 단어를 이용해서 여러분을 묘사해 보세요. 그리고 이 단어들을 각각 이용해서 여러분에 대한 내용이 아닌 문장을 만들고, 이 문장들을 하나의 이야기로 엮어 보세요.
Use five words to describe yourself. Then make sentences that aren't about you, using each of the words. Turn the sentences into a story.

540 색깔, 냄새, 장소를 하나씩 고르세요. 사람, 사물, 동물을 하나씩 고르세요. 자, 선택된 것들을 이용해서 이야기를 만들어 보세요.
Pick a color, a smell, and a place. Pick a person, a thing, and an animal. Now create a story using all your choices.

541 다섯 문장으로 여러분이 사랑하는 누군가에 대한 이야기를 써 보세요. 그들이 여러분에게 중요하고, 특별한 이유에 대해 생각해 보세요. 사람들은 왜 그들에 대해서 알아야 할까요?

Write about someone you care about in five sentences. Think about why they are important to you and what makes them special. Why should people get to know them?

542 '호수에 건축될 새 집'이라는 제목으로 신문 기사를 써 보세요.

Write a newspaper article. The headline is 'New House to Be Built at Lake'.

543 고양이나 개가 아닌 동물과 최근에 만난 적이 있나요? 그 장면을 묘사해 보세요.

Describe a recent encounter with an animal that was not a cat or a dog.

544 "지진이 우리 집을 삼켜 버리고, 우리는 몇 시간 동안 땅 속으로 떨어지고 있었다."라는 내용으로 시작하는 이야기를 써 보세요.

Write a story that starts with "The earthquake swallowed my house, and we were falling for hours." Describe a recent encounter with an animal that was not a cat or a dog.

545 온 세계가 어떻게 해서 만들어지게 되었는지에 대해 이야기를 지어 보세요.
Invent a story about how the world began.

546 여러분이 꿈꾸는 자전거가 있다면, 그것은 어떻게 생겼을까요? 자전거의 모든 특징을 묘사하고, 사람들이 그것에 대해 어떤 반응을 보일지 써 보세요.
If you had a dream bicycle, what would it be like? Describe all its features and how people would react to it.

547 정부 요원이 여러분이 어디에서 사는지, 생활상은 어떤지, 여러분에 대한 모든 것을 알고 싶어 해요. 그 요원에게 얼마나 여러분에 대해서 알려줄 건가요?
A government agent wants to know all about where you live and what your life is like. How much do you tell her?

548 여러분의 이름을 쓰고, 이름의 각 글자를 묘사하는 형용사를 하나씩 떠올려 보세요.

Write out your name, and think of one adjective that describes you for each letter of your name.

549 세상에서 가장 중요한 향기는 어떤 것일까요?

What is the most important smell?

550 여러분이 매일 듣는 소리를 의성어를 사용해서 묘사해 보세요.

Describe a sound you hear every day.

551 가장 멋지고, 가장 끔찍한 소리를 상상해 보세요.

Imagine a sound that is the most wonderful and the most terrible sound.

552 여러분은 여러분이 선택하는 어떤 퍼레이드든 할 수 있어요. 퍼레이드 차량, 사람들, 군중들에 대해서 써 보세요.

You get to have any kind of parade you choose. Write about the floats, the people, and the crowds.

553 긴 검정 코트를 입고 어두운 색깔의 선글라스를 쓴 키 큰 남자가 여러분에게 한 가지 소원을 들어주겠다고 말했어요. 단, 국가 전체에 이익이 되는 것이어야 해요. 여러분의 소원은 무엇이며, 그 소원은 어떤 도움을 줄 것 같은가요?

A very tall man in a long black coat and dark sunglasses offers you one wish, but it has to benefit the entire country. What's the wish you make, and how does it help?

554 '짖지 못하는 개'라는 제목으로 이야기를 써 보세요.

Write a story titled "The Dog Who Couldn't Bark."

555 여러분만의 하인을 부릴 수 있어요. 단, 괴물들 중에서 하인을 골라야 해요. 미라를 원하나요? 늑대인간을 원하나요? 여러분이 선택한 괴물의 장점과 단점은 무엇인가요?

You get to have a personal servant, but you can only choose from a selection of monsters. Do you want the mummy? The werewolf? What are the benefits and drawbacks of your monster?

556 여러분은 피자집 뒤편에 있는 테이블에 앉아 있어요. 무릎에서 무언가가 움직이는 것이 느껴져 식탁보를 들춰 보니 작은 동물이 여러분을 바라보고 있어요. 그 동물이 쉰 목소리로 "날 숨겨 줘!"라고 속삭였어요. 여러분은 어떻게 할 건가요?

You're sitting at a table in the back of a pizza restaurant, when you feel something moving around your knees. You lift up the edge of the tablecloth to see a small animal that looks at you. In a raspy voice, it whispers, "Hide me!" What do you do?

557 프로 농구 선수를 꿈꾸는 뱀에 대한 이야기를 써 보세요.
Write a story about a snake that dreams of becoming a professional basketball player.

558 신발 회사가 새로운 종류의 신발을 출시하는데, 여러분의 조언을 구하고 싶어 해요. 뭐라고 말해주고 싶은가요?
A shoe company is releasing a brand-new type of shoe, and they want your advice.

559 여러분은 음식 평론가예요. 식당을 이용한 후기를 써 보세요. 오감을 모두 사용해서 써야 해요.
You're a food critic. Write a review of a restaurant. Use all five senses!

560 여러분이 식물을 지배할 수 있다면, 그 능력으로 무엇을 하고 싶은가요?

If you could control plants, what would you do with that power?

561 '희망'이라는 단어가 여러분에게 의미하는 것은 무엇인가요?

What does the word "hope" mean to you?

562 여러분이 레모네이드 노점상을 열었는데, 5분 뒤 여러분의 이웃도 똑같은 노점상을 세웠어요. 여러분은 어떻게 할 건가요?

You set up a lemonade stand, and five minutes later your neighbors set one up, too. What do you do?

563 캥거루에 대한 웃기는 이야기를 써 보세요.

Write a joke about kangaroos.

564 여러분이 최근 본 영화에 대한 평론을 써 보세요. 결말을 공개해서는 안 되지만 독자들이 영화를 볼지 말지 결정할 수 있도록 세부적인 줄거리와 의견을 써 보세요.

Write a review of a movie you have recently seen. Don't spoil the ending, but give plot details and your opinion so the readers can decide if they want to see it.

565 여러분은 세계 일주 여행가예요. 여러분이 가 보았던 장소 중 한 곳과 그곳에서 겪었던 모험에 대한 기행문을 써 보세요.

You are a world traveler. Write a journal entry from one of the destinations you have visited and what adventures you had there.

566 '너무 잘 웃는 해적'이라는 제목으로 이야기 한 편을 써 보세요.
Write a story titled 'The Pirate Who Smiled Too Much'.

567 버스 운전사와 유명 관광지에 가려는 관광객 사이에서 언어 차이로 오해가 생겼어요. 그 문제를 해결해 나가는 이야기를 써 보세요.
Write a confused conversation between a bus driver and a tourist trying to get to a famous attraction.

568 여러분이 알고 있는 사람이 마법에 걸려 잠에 빠졌다고 상상해 보세요. 지금 이 순간이 아무런 거리낌 없이 마음 속 이야기를 그에게 털어놓을 수 있는 좋은 기회예요. 그에게 비밀을 털어놓을 건가요? 그에게 어떤 이야기를 들려줄 건가요?

Imagine someone you know has been put under a sleeping spell. Now is your only chance to tell them how you feel without consequences. Would you tell them a secret? Would you tell them a story?

569 여러분은 수중 탐험가예요. 해저에서 여러분은 한 문명 사회를 발견했어요. 그 사회의 모습은 어떤가요? 그곳에는 어떤 생명체가 살고 있나요? 그들의 언어와 공동체는 어떤 모습인가요?

You are an underwater explorer and you find an entire civilization on the seafloor. What does it look like? What creatures live there? What is the language and community like?

570 여러분은 타임머신에 탑승해서 어떤 시대든 돌아갈 수 있는 기회를 얻었어요. 문제는 여러분이 도착한 장소에서 계속 살아야 한다는 것이며, 여러분이 태어나기 전 시대를 선택해야 한다는 것이에요. 어느 시대를 선택할 건가요? 새로운 생활을 묘사해 보세요.

You have the opportunity to get into a time machine and travel back to any time. The catch is that you have to stay wherever you end up, and must pick a time before you were born. Which year do you choose? Describe your new life.

571 오, 이런! 여러분은 지금 비디오 게임 안에 갇혔어요! 각 단계를 어떻게 정복하고 그곳에서 빠져나올 건가요?
Oh no, you're stuck inside of a video game! How do you beat the levels and escape?

572 여러분은 학교의 교장 선생님이에요. 학부모 회의를 열어 학교에 몇 가지 변화를 제안하려고 해요. 학교에 어떤 변화를 주고 싶으며, 그 이유는 무엇인가요?
You're the principal of your school. You are leading a parent meeting and proposing some changes. What changes would you make and why?

573 여러분은 한 마리의 기린으로 평범하게 살고 있었어요. 어느 날 잎사귀를 하나 먹었더니 사람의 말을 할 수 있게 되었어요. 여러분이 만나는 첫 번째 사람에게 뭐라고 말할 건가요?

You are a giraffe, going about your regular giraffe life, but one day you eat a leaf and you can suddenly speak human languages. What would you say to the first person you saw?

574 포크 한 개가 여러분을 쫓아오고 있어요. 왜 그럴까요?

A fork has been following you. Why?

575 학급 친구가 여러분의 점심을 훔쳐먹었어요. 여러분은 그 친구에게 어떻게 할 건가요?

Your classmate steals your lunch one day. What do you do?

576 여러분은 언제 두려움을 느끼나요?

Write about a time when you were scared.

577 어느 날 모든 일이 뒤죽박죽이 되고, 모든 규칙이 거꾸로 변해 버렸어요. 그날 여러분은 무엇을 할 건지 써 보세요.

It's topsy-turvy day, and all the rules are backward. Write about what you do that day.

578 여러분에게 어떤 사람이나 동물로 변할 수 있는 능력이 주어졌어요. 단, 여러분이 무엇을 고르든, 남은 평생 동안 변신한 채 살아야해요. 무엇으로 변신하고 싶은가요? 여러분은 어떻게 살게 될까요?

You are given the power to transform into any person or animal. Whichever one you choose, you must stay in that form for the rest of your life. What do you choose, and what's your life like?

579 여러분은 꿈의 직장에 지원하려고 해요. 그 회사의 자격 요건을 쓰고, 여러분이 훌륭한 후보자가 될 수 있는 이유를 써 보세요.
You are applying for your dream job. Write about your qualifications and why you would be a great candidate to hire.

580 여러분은 길을 걷다가 한 사람을 골라 몇 푼 안 되는 돈을 줘야 해요. 누가 돈을 받는지는 관계없어요. 여러분은 누구를 고를 건가요? 그 사람을 고른 이유는 무엇인가요? 돈을 받은 사람은 어떤 반응을 보일까요?
You are walking down the street and have to choose one person to give just a little money to. It can be anyone. Whom do you choose and why? How do they react?

581 낯선 사람에 대한 시를 한 편 써 보세요.
Write a poem about a stranger.

582 어떤 중요한 인물이 자신을 위해 연설문을 써 줄 사람으로 여러분을 고용했어요. 그가 연설했으면 하는 내용은 무엇인가요?

You were just hired by someone important to write a speech for them. What do you want them to say?

583 여러분은 파랑, 오렌지, 자주 등등 이 세상에 있는 어떤 색이든 될 수 있는 기회를 얻었어요. 되고 싶은 색을 고르고, 그 색을 고른 이유를 말해 보세요.

You get to choose to be any color in the universe: blue, orange, purple, or anything else. Choose your color and say why you chose it.

584 여러분은 옷카라는 이름의 소라게이자, 동시에 여러분이 사는 어항의 지배자예요. 자신의 왕국을 어떻게 다스릴 건가요?
You are Otka, hermit crab and king of your fish tank. How do you rule your kingdom?

585 농부인 여러분은 교배를 통해서 이 세상을 바꿔 줄 새 식물을 만들었어요. 이 식물은 어떤 것이며, 이름은 무엇인가요?
You are a farmer and you've created a hybrid plant that will change the world. What is it?

586 여러분의 반려동물이나, 친구의 반려동물은 매일 어떤 생각을 할까요?
Write the thoughts your pet or a friend's pet has every day.

587 이번 주에 목격했던 일 중에서 제일 이상한 일은 무엇인가요?
What was the strangest thing you saw this week?

588 여러분이 생각할 수 있는 제일 역겨운 요리를 개발하고, 정확한 계량 수치와 지시 사항이 담긴 요리법을 적어 보세요.

Invent the most disgusting dish you can think of, and write the recipe, with exact measurements and instructions.

589 유명한 가수가 '너무 시끄러워'라는 제목으로 노래를 작곡해 달라고 부탁하기 위해 여러분을 찾아왔어요. 이 노래의 가사를 어떤 내용으로 쓸 건가요?

A famous singer approaches you because he wants you to write a song for him called 'It's Way Too Loud'. Write the lyrics.

590 두 가지 동물을 골라서 그 둘을 합쳤을 때 탄생할 새로운 동물의 모습을 상상해 보세요. 새로 탄생한 동물이 보낸 하루를 써 보세요.

Pick any two animals and imagine what they would look like if they were combined into one animal. Write about a day in that new animal's life.

591 거울 속에 비친 여러분의 모습을 10분 동안 바라보고, 눈에 비춰진 것과 떠오른 생각들을 모두 적어 보세요.
Look at yourself in a mirror for ten minutes and write all your sights and thoughts down.

592 아무 책이나 펼쳐 그림을 하나 고르고, 그림 속 장면에 대한 이야기 한 편을 지어 보세요.
Choose a painting, and then make up a story about the scene taking place in it.

593 여러분이 가장 좋아하는 역사 속 시대에 대한 이야기를 써 보세요.
Write about your favorite historical era.

594 여러분이 가장 좋아하는 노래 가사를 바탕으로 한 편의 이야기를 꾸며 보세요.
Choose a lyric from your favorite song and write a story based on it.

595 여러분이 잠자리에 들기 전에 어떤 준비를 하는지 묘사해 보세요.
Describe how you get ready for bed.

596 가장 좋아하는 비밀 장소에 관해 써 보세요.
Describe your favorite hidden spot.

597 여러분이 오늘 먹은 요리와 그 음식의 색깔을 열거해 보세요. 열거한 색깔을 이용해서 한 편의 이야기를 써 보세요.

List the food you ate today then write a list of the colors in those foods. Use the colors of those foods in a story.

598 음식 때문에 어려움을 겪었던 경험을 이야기로 써 보세요.

Write about a time you had trouble with some food.

599 여러분이 가장 좋아하는 노래를 처음 들었던 순간, 그 때 감정을 묘사해 보세요.

Write about the first time you heard your favorite song.

600 버스 정류장에서 버스를 기다리는 한 무리의 사람들에 대해서 써 보세요.

Write about a crow waiting at a bus stop.

601 복어는 위협을 느끼거나 화가 나면 자신의 몸을 부풀려요. 복어가 몸을 잔뜩 부풀리게 하기 위해서 여러분이 복어에게 할 수 있는 말을 써 보세요.

Puffer fish puff up when they're scared or mad. Write what you would say to a puffer fish to get him all puffy.

602 '처음(처음 사귄 친구, 느낌, 경험…)'에 대해서 써 보세요.
Write about a 'first(first friend, first feeling, first experience…)'.

603 늦은 밤에 하는 운전에 대해서 써 보세요.
Write about a late-night drive.

604 모기에게 편지 한 통을 써 보세요.
Write a letter to a mosquito.

605 기존의 시 한 편을 골라 각 행의 길이를 재고, 그 각 행의 길이에 맞춰 여러분만의 시를 한 편 써 보세요.
Trace the length of each line of an already-written poem and write your own poem using those line lengths.

606 여러분을 학급 반장으로 뽑아달라고 학급 친구들에게 설득하는 연설문을 써 보세요.
Write a speech convincing your classmates to elect you class president.

607 과장법이란 "내 친구의 것이 네 것보다는 백만 배는 더 좋아."처럼 부풀려 말하는 것이에요. 과장법을 사용한 문장을 5개 쓰고, 과장법을 사용해서 이야기를 한 편 써 보세요.

Hyperbole is when you make a huge exaggeration, like "my friends are a million times better than yours." Write five hyperbolic sentences, then write a story using hyperbole.

608 동일한 자음으로 시작하는 단어들이 가까이 있을 때 이것을 두운(頭韻)이라고 해요. 예를 들면 "같은 하늘 같은 시간 같은 곳에서…"에서 두운이 사용된 것을 볼 수 있어요. 두운으로 가득 찬 시를 한 편 써 보세요.

Alliteration is when words near each other repeat the same consonant sound. For example "The same sky, same time, same place…" Write a poem full of alliteration.

609 여러분이 아는 사람 중 제일 웃긴 사람은 누구인가요? 그 사람이 재미있는 이유는 무엇인가요?
Who is the funniest person you know? What makes that person so funny?

610 여러분의 머리카락에 불이 붙었다고 상상해 보세요. 어떻게 하면 좋을까요?
Your hair catches on fire.

611 여러분이 남은 평생 동안 한 가지 냄새만 맡을 수 있다면 어떤 냄새가 좋겠어요?
If you could smell only one smell for the rest of your life, what would that smell be?

612 여러분은 친구에게 투명인간으로 만들어주는 스카프를 선물 받았어요. 그것을 어디에 사용하고 싶은가요?
Your friend gives you a scarf of invisibility. What do you use it for?

613 여러분은 우주에서 온 외계인을 만났어요. 지구에 대해 설명할 때 가장 먼저 이야기할 다섯 가지는 무엇인가요?

You meet an alien from outer space. What are the first five things you explain about Earth?

614 친구를 기리는 시를 한 편 써 보세요.

Write a poem about a friend.

615 짧은 이야기를 써 보세요. 단, 등장인물이 여러분이 좋아하는 노래를 부르도록 만들어 보세요.

Write a short story, and make one of your characters sing a song that you love.

616 여러분이 운동 경기를 하나 만들 수 있다면 어떤 경기를 만들 건가요? 경기 규칙은 어떻게 될까요?

If you could invent a sport, what would it be, and what would the rules be?

617 여러분이 어른 역할을 맡고, 여러분 주변 어른들은 모두 어린이 역할을 하는 한 편의 연극을 써 보세요.

Write a play where you get to be an adult and all the adults in your life are kids.

618 여러분이 하루 동안 세상을 책임져 달라는 부탁을 받는다면 무엇을 변화시키고 싶은가요?
If you were asked to be in charge of the world for a day, what kinds of changes would you make?

619 여러분에게 팔이 하나 더 생긴다면 그것으로 무엇을 할 건가요? 또 다리가 하나 더 생긴다면 그것으로 무엇을 할 건가요?
What kinds of things would you do with an extra arm? What about an extra leg?

620 출입구에 발을 들여놓자마자 여러분은 석기 시대로 떨어졌어요. 석기 시대는 어떤 모습일까요? 누구를 만났을까요? 여러분은 거기에서 무엇을 했을까요?

You step through a doorway that sends you back in time to the Stone Age. What is the Stone Age like? Whom do you meet? What do you do?

621 여러분에게 안에 집어넣으면 모두 휴대할 수 있는 크기와 무게로 바꿔 주는 가방이 있어요. 여러분은 가는 곳마다 무엇을 들고 다닐 건가요? 이 가방은 어떻게 생겼을까요?

What if you had a magical bag that would compress anything you put inside it into a carryable weight and size? What would you take with you everywhere you went? What would this bag look like?

622 여러분의 할아버지는 방금 여러분에게 가족의 비밀을 말해 주었어요. 그 비밀은 무엇일까요?

Your grandpa just told you a family secret. What is it?

623 바다 속 가장 작은 물고기의 입장에서 한 편의 이야기를 써 보세요. 여러분은 늘 잡아먹힐까 봐 두려운가요? 어떻게 하면 여러분이 속한 물고기 무리에서 여러분만의 개성을 주장할 수 있을까요?

Write a story from the point of view of the smallest fish in the sea. Are you always nervous about being eaten? How do you assert your individuality in your school of fish?

624 여러분이 이 책에 쓰인 글을 읽고 있는 도서 평론가라고 상상해 보세요. 여러분의 글에 대해 서평을 써 보세요.

Imagine you're a book reviewer, reading the writing in this book. Write some reviews of your writing.

625 여러분 자신을 인터뷰해 보세요.
Interview yourself.

626 여러분은 반은 사람이고, 반은 동물인 괴물로 변했어요. 동물 하나를 고르고, 새로 생긴 능력에 대해 묘사해 보세요.
You get to be half human, half animal - choose your animal and describe your new strengths.

627 마지막으로 치과의사를 찾아간 것을 묘사하는 시를 한 편 써 보세요.
Write a poem that describes your last trip to the dentist.

628 여러분은 동네에서 묘지를 거닐다가 늑대인간과 마주쳤어요. 그는 몹시 배고파 보여요. 무슨 일이 벌어질까요?
You run into a werewolf while you're on a stroll through the local cemetery. He looks hungry. What happens next?

629 상추는 여러분에게 자신의 다리와 팔과 몸이 농장에 있다고 말했어요. 여러분은 상추가 자신의 신체를 되찾도록 도와줘야 해요! 어떻게 그를 도울 수 있을까요?

A head of lettuce tells you that there are also lettuce legs, lettuce arms, and lettuce bodies back at the farm. You have to help these lettuce heads get their bodies back!

630 맨 끝에서 시작해 거꾸로 전개되는 이야기를 한 편 써 보세요. 이것을 여러분에게 유리하도록 만들 방법을 생각해 보세요. 어떻게 하면 다음에 벌어질 사건이 독자들의 예상에서 벗어날 수 있을까요?

Write a story that begins at the end and works backward. Think of ways to use this to your advantage. How does it change what the reader knows and wants to know next?

631 책이나 영화에서는 해적들의 생활을 멋스럽게 묘사해요. 여러분은 진짜 해적으로, 해적들이 살아가는 것이 쉽지 않음을 세상이 알기를 원해요. 여러분은 바다에서 사는 것이 생각보다 어렵다는 것을 설명하는 편지를 써서 신문사에 보내려고 해요. 반드시 해적의 말투를 편지 곳곳에 사용하도록 하세요.

The pirate life is glorified in books and movies. You are a real pirate who wants the world to know that your life is not so easy. Write a letter to a newspaper explaining the hardships of the sea. Make sure to use the pirate voice and language throughout your letter.

632 새로운 종류의 브리또를 개발해 보세요. 안에 들어가는 재료는 무엇이고, 무엇으로 감싸나요?
Invent a new kind of burrito. What goes in it and what is it wrapped with?

633 어느 날, 여러분은 일기장에 쓴 대로 다음 날 똑같은 일이 일어난다는 사실을 알게 되었어요. 오늘 저녁 일기장에 쓸 내용을 적어 보세요.
One day, as written in diary the next day, you realized that the same thing happen. Write about what to write in the diary tonight.

634 여러분은 별안간에 거물급 인사가 되었어요. 첫 번째로 무슨 일을 하고 싶은가요?

Suddenly you're a huge celebrity. What's the first thing you do?

635 여러분은 자신에게 오랫동안 헤어졌던 쌍둥이 형제가 있음을 알게 되었어요. 그를 만나 맨 처음에 해 주고 싶은 말은 무엇인가요?

You discover you have a long-lost twin. What do you want to talk to them about?

636 시리얼 박스 안에 시리얼은 없고, 대신 그 시리얼을 다 먹어 버린 조그마한 강아지 한 마리가 있어요. 어떻게 할 건가요?

In your cereal box, you expect to find cereal, but instead you find a tiny puppy who has eaten all the cereal in the box.

637 여러분은 어떤 인어 아가씨가 진짜 슬픈 얼굴을 하고 물가의 바위에 앉아 있는 것을 봤어요. 그녀의 슬픔을 달래 주기 위해 무엇을 할 건가요?

You see a really sad-looking mermaid on a rock by the water. What do you do to cheer her up?

638 여러분이 배꼽 빠지게 웃었던 때를 묘사해 보세요.
Describe the time when you laughed the hardest.

639 쌀, 으깬 감자, 요거트, 그리고 아이스크림에 대한 이야기를 써 보세요.
Write about rice, mashed potatoes, yogurt, and ice cream.

640 개도 천국에 갈 수 있을까요?
Do dogs go to heaven?

641 작가에 대하여: 이제 여러분은 책을 한 권 썼으니, 자서전을 써 보세요. 여기 포함될 내용이 있어요. 여러분이 자란 곳은 어디인가요? 여러분은 무엇에 열정이 있었나요? 꿈을 이루는 과정에서 찾아온 어려움들을 어떻게 극복했나요?

About the author: Now that you have written a book, write your biography. Here are some details to include: Where were you raised? What are your passions?

642 추천사: 여러분이 이 책에 썼던 이야기와 시, 그리고 다른 글들이 출간될 예정이에요. 독자들이 여러분 책을 관심 있게 읽어 보도록 책 뒷면에 들어갈 서평을 써 보세요.

Advance praise: The stories, poems, and other writing you did in this book will be published. Write some reviews that will go on the back of your book to entice people to pick it up and read it.